Windsurfen richtig lernen

Uwe Farke
Detlef Schröder

Windsurfen
richtig lernen

Grundschulung Lehrplan 1, VDWS
Grundschein VDWS
Segelsurfschein DSV, Praxisteil

Vom DSV empfohlen

VDWS
Verband der deutschen Windsurfing Schulen e. V.
im Mosaik Verlag

Verband der deutschen
Windsurfing Schulen e.V.
Ahornstr. 7
8120 Weilheim

Lehrteam
Dago Benz
Dirk Brauns
Uwe Farke
Klaus Gahmig
Gerd Keglmaier
Volker Möhle
Ernstfried Prade
Manfred Schwermer
Jochen Taaks

Fotos
Ulli Seer
Klaus Winkler
Uwe Grenzebach
Zeichnungen
Uwe Farke
Detlef Schröder
Richard Wagner
Karikaturen
Walter Keßler
Einband
Foto Ernstfried Prade
Modell
Emma Stehle und
Dagmar Urban

Satz, Druck und Einband
Passavia Passau

Vertrieb
Mosaik Verlag GmbH, München

ISBN 3-570-07038-7

Die Autoren

Uwe Farke
ist Dozent am Sportwissenschaftlichen Institut der Universität Saarbrücken. In der Sportlehrerausbildung betreut er u.a. das Fach Segeln/Windsurfen. Seit seiner Ausbildung zum Windsurfing-Instruktor im September 1979 am Gardasee arbeitet Uwe Farke in verschiedenen Gremien des VDWS verantwortlich mit.

Detlef Schröder
studiert Sport und Geographie an der Universität Saarbrücken. Als begeisterter Segelflieger fand er schon früh zu unserem jungen Sport.
1980 ist Detlef Schröder beim VDWS als Gastreferent zum Thema Wetterkunde tätig geworden.
Nach seiner Instruktorenprüfung im Frühjahr 1980 steht er jetzt vor seiner Aufnahme ins Lehrteam des VDWS.

Dieser Lehrplan entstand auf der Grundlage der Erfahrungen und Erkenntnisse des Lehrteams des VDWS.
Wir danken insbesondere Volker Möhle und Klaus Gahmig für ihre Unterstützung.

Uwe Farke
Detlef Schröder

INHALT

Teil I

Teil II

Block I

Block II

Block III

Sicherheit und Umwelt

Block IV

Fertigkeiten

Block V

Theorie

Anhang

Vorschriften zur Grundscheinprüfung

TC-39
0511

Geleitwort

Es ist heute kein Geheimnis mehr: Windsurfen hat die größten Zuwachsraten im Wassersport und ist auf dem besten Wege, im Aktivsport auf dem Wasser eine führende Rolle zu übernehmen. Eine frühzeitige Teilnahme am olympischen Wettbewerb ist deshalb gerechtfertigt. Die problemlose Entwicklung des Segelsurfens zum Breitensport ist hauptsächlich auf die fundierte Ausbildung, die der Verband der deutschen Windsurfing Schulen gewährleistete, zurückzuführen. Ist doch dieser Verband ein Beispiel dafür, wie verantwortungsbewußte Sportler selbst in der Lage sind, ohne staatliche Restriktionen für das geordnete Nebeneinander der Wassersportteilnehmer in vorbildlicher Weise zu sorgen.

Mit beispiellosem Engagement haben Aktive des VDWS in den harten Aufbau- und Entwicklungsjahren unseres Sports ein Ausbildungs- und Prüfungswesen zu Wege gebracht, das seinesgleichen auf dem Wassersportsektor sucht. Heute ist der VDWS weltweit größter Schulungsverband für den Windsurfing Sport; sämtliche nationalen und internationalen Ausbildungsmodelle wurden von ihm befruchtet.

Es liegt auf der Hand, daß eine aufstrebende, junge Sportart auch einem ständigen Wandel unterworfen ist. Gerade das Ausbildungswesen muß deshalb kritisch überprüft werden. Dies veranlaßte den VDWS dazu, eine eigene flexible Lehrplan-Reihe herauszugeben. Der Methodik-Ausschuß und das Lehrteam des VDWS versuchen auf diesem Wege, dem Schüler nur aktuelle, neue, dem Ausbildungsstand entsprechende Lehr- und Lernmaterialien, in die Hand zu geben.

In dem vorliegenden Lehrplan sind die langjährigen Erfahrungswerte der VDWS-Ausbildung eingearbeitet. Im Auftrag vom Methodik-Ausschuß stellten Uwe Farke und Detlef Schröder die Erkenntnisse zusammen. Es gelang ihnen, die wichtigsten Bewegungsabläufe und die theoretischen Inhalte durch großzügige Grafiken und anschauliche Bildreihen flüssig und leicht verständlich darzustellen.

Der Lehrplan ist auf die Lernziele des Windsurfing-Grundscheines ausgerichtet. Er ist deshalb das ideale Arbeitsmittel für den Unterricht in der Schule. Darüber hinaus ist er interessante Lektüre und Nachschlagwerk für Anfänger und Lehrer zugleich.

Wir sind sicher, daß dieser Lehrplan als weiterer Meilenstein in der Surfsportausbildung zu optimalen Erfolgen in der Windsurfing-Schulung führen wird.

Ernstfried Prade
1. Vorsitzender des Verbandes der deutschen Windsurfing Schulen

Vorwort

Für eine Sportart, die den »Status nascendi«, die Geburtswehen, noch spürt, einen Lehrplan zu schreiben, muß als mutiges Wagnis gelten. Erkenntnisse, Techniken und Methoden, die gestern gelehrt wurden, sind heute überholt. Durch die immer intensivere Auseinandersetzung, durch Zuhilfenahme von Forschungsmethoden werden Fehler aufgedeckt und Erleichterungen für den Unterricht geschaffen, die dem Schüler zugutekommen. Und die Entwicklung hat hier erst begonnen. Sie wird rasch fortschreiten, so rasch, daß jeder Lehrer Mühe haben wird zu folgen.

Die Ursachen für den Entwicklungssprung im Windsurfen innerhalb der letzten 2 Jahre sind zu einem Teil gewiß in den Bemühungen um Selbständigkeit und Unabhängigkeit vom Segeln zu suchen.

Auch wenn Gemeinsamkeiten bei der Ausübung, im Unterricht und in der theoretischen Darstellung nicht zu verleugnen sind, ist heute klar, daß Unterschiede da sind, und daß durch unkritische Übernahme von Techniken und Darstellungen aus dem Seglerbereich eine surfspezifische Entwicklung erschwert wurde, was sich als deutliches Hemmnis bei der Lösung vieler Probleme auch im Bereich der Schulung erwies. Inzwischen ist das Selbstbewußtsein der Surfer, auch durch die starke Verbreitung, gewachsen.

Soziologen beobachten mit Interesse die allgemeine gesellschaftspolitische Bedeutung und im besonderen die Familienfreundlichkeit des Sportgerätes, die vor allem in seiner Altersunabhängigkeit und Vielseitigkeit (vom Spiel- bis zum Wettkampfsportgerät) begründet liegt. Freizeitinteressen laufen in den Familien wieder parallel und nicht gegeneinander.

Pädagogen, Physiker und Mediziner greifen besondere Probleme technischer, methodischer und gesundheitlicher Art auf und machen sie zum Forschungsgegenstand.

Folgende Ergebnisse unterstreichen die Selbständigkeitsbestrebungen der Surfer und dokumentieren die Unterschiede zum Segeln.

1. Die Darstellung von Luv- und Leegierigkeit beim Segeln aus der Seitenansicht hat mit der Steuerung und dem Lenken eines Surfbrettes nichts zu tun und führt zu falschen Folgerungen für die Bewegungsausführung.
Aus der Draufsicht wird erkennbar, daß der größte Steuereffekt nicht nur durch Verlagerung der Druckpunkte nach *vorn* und *hinten,* sondern durch gleichzeitige *Verschiebung in der Segelebene* bewirkt wird.
Der Blick von oben auf die Riggbewegung ermöglicht es, die auftretenden Kräfte zeichnerisch so darzustellen, daß die theoretische Einsicht in Gesetzmäßigkeiten der Mechanik in praktische Fertigkeiten richtig umgesetzt werden kann.

2. Durch die rasante Entwicklung im Brettbau haben sich bezüglich der Definition der »Kurse zum Wind« Probleme ergeben, die dazu zwangen, die ohnehin schon widersprüchlichen Darstellungsformen der seglerischen Fachliteratur zu überdenken und eine neue, allgemeingeltende Konzeption zu entwickeln. (Vgl. »Fahrtrichtungen und Kurse« in Teil II)

3. Die Entwicklung von typischen »Fortgeschrittenen-Techniken« im Leistungssport machte es notwendig, eine Umorientierung in der Grundschule in Gang zu setzen, um den Anschluß an fortschrittliches und sportliches Fahren zu erleichtern und aus der alten Konzeption herrührende Anfängerfehler zu vermeiden.
Die allgemeine Einführung der *»Mast-Technik«* ist z. B. die Konsequenz.

4. Das Erlebnis von Fahrgeschwindigkeit und ganzkörperlicher Beanspruchung ist elementar und fordert immer wieder neu heraus. Ein »Aufschrei« vor Begeisterung, ein strahlendes Gesicht und begeisterte Erzählung von Geschwindigkeiten und Stürzen legen die Gefühlsregungen beim Surfen offen und zeigen den ausgleichenden und befreienden Freizeitcharakter dieser Sportart.

5. Auf dem Wasser oftmals noch ein richtiger Individualsport, der aus dem Kampf um die Brettbeherrschung oder auch dem Reiz, schneller zu sein als der andere, eine wesentliche Motivation erhält, wird das Thema Windsurfen in den Erholungspausen vor und nach dem Erlebnis zum Auslöser von Kommunikation und sozialen Verhaltensweisen.
Windsurfen ist eine junge, eigenständige Sportart, die Erfahrungen, Erkenntnisse und Methoden aus dem Segeln und dem Sport allgemein erst für sich aufschließen und auf ihre Besonderheiten zuschneiden muß.
Der vorliegende Lehrplan setzt dort Akzente, wo Sportarttypisches erkannt wurde und Entwicklungen einen gewissen Abschluß erreicht haben.
Der Lehrplan fordert auf zum fleißigen Gebrauch und zur kritischen Auseinandersetzung. *Konstruktive Vorschläge sind sicher notwendig und auch sehr erwünscht.* Adressiert an den Verband der deutschen Windsurfing Schulen (VDWS) – Stichwort Lehrplan – werden sie bei der Neuauflage Berücksichtigung finden können.
Die Verfasser sind sich einig, daß hier ein *Stadium* festgehalten wird, das noch lange nicht eine fertige Lösung darstellt. Dafür ist die Eigendynamik des Windsurfens zu groß, die Sportart noch zu jung, ist sie gerade doch erst 10 Jahre alt.

Die »Emanzipationsbestrebungen« des Windsurfens haben nicht grundsätzlich eine unabhängige Organisation im Vereins- und Verbandswesen zur Folge.
Im Sinne des Surfsports werden Einheitlichkeit, Konzentration und Verwaltungsökonomie für eine Zentralisierung sprechen, wenn die jeweiligen besonderen Belange und Interessen bestehender Organisationen unter einem Dach ihre Berücksichtigung finden.

Aufbau des Lehrplans

Der Lehrplan gliedert sich in zwei große Teile.
Im *Teil I* sind allgemeine Hinweise zum Adressatenkreis, für die Verwendungsmöglichkeiten, über Richt- und Feinziele des Unterrichts ebenso zu finden wie spezielle und ausführliche Informationen zur Geschichte des Windsurf-Sportes und zu methodischen Problemen des Unterrichts.

Im *Teil II* werden die 5 Unterrichtsblöcke der Grundschulung dargestellt.
Im *Anhang* sind mehr aus »nostalgischen« Gründen nochmals Bewegungsanweisungen und Schlagworte für die Fertigkeiten der Grundschule mit »Startschot-Technik« aufgenommen.
Doch vertritt der VDWS die Auffassung, daß diese Technik in einer modernen Schulung keinen Platz mehr hat und schnell der Vergangenheit angehören wird.
Die Prüfungsfragen sind vollständig abgedruckt. 6 Fragebögen mit je 16 Fragen zu den Unterrichtsblöcken I–V überprüfen das Wissen schwerpunktmäßig im Bereich der Fertigkeiten und der Sicherheit.
Vorschläge für die Beantwortung der Prüfungsfragen folgen.
Ein Fachwortregister als Nachschlagewerk für die verwendeten Fachbegriffe und Fremdwörter schließt den Anhang ab.

Geschichte des Windsurfing-Sports[1]

Surfen – ein jahrhundertealter Sport

Angefangen hat alles mit dem Wellenreiten, einer Sportart der Polynesier, in der Geschichte oft auch als Sport der Könige erwähnt. Die Entdeckung überseeischer Kontinente im 17. und 18. Jahrhundert brachte erstmals Bilder und Augenzeugenberichte über das Surfen in die alte Welt. Kapitän Cook berichtet in seinen Aufzeichnungen im Zusammenhang mit der Entdeckung der Hawaii-Inseln, wie unglaublich geschickt die Eingeborenen zwischen den Wellenkämmen hin- und herschossen und auf ihren schmalen Brettern regelrechte Kunststücke vollführten.

Das Wellenreiten oder auch Surfen – der Begriff kommt aus dem Englischen, denn »surf« heißt Brandung – war schon immer eine sehr anspruchsvolle Sportart, in der Überlieferung der Polynesier nur den Stärksten und Mutigsten vorbehalten. Daran hat sich im wesentlichen bis heute nichts geändert. Einmal wegen der naturbedingt beschränkten Anzahl der Strände, an denen Surfen möglich ist, zum anderen, weil es auch heute noch eines erheblichen Mutes bedarf, sich mit einem schmalen Brett den Gewalten meterhoher Brandung auszusetzen.

Mit der stürmischen Entwicklung von neuen Sportarten in unserem Jahrhundert wurde das Surfen als eine der faszinierendsten Auseinandersetzungen mit dem Element Wasser wiederentdeckt. So kam es, daß vornehmlich an der Westküste Amerikas Surfen eine volkssportähnliche Entwicklung nahm. Begünstigt allerdings durch die Entwicklung völlig neuer Kunststoffe, die fortan das Brett aus Balsaholz ablösten und die Herstellung solcher Bretter wesentlich erleichterten. So erlebte der Wellenreitsport in den 50er Jahren, unterstützt von einer allmächtigen Werbemaschinerie, einen unglaublichen Aufschwung. Über viele Jahre wurde das Surfen in den USA, vor allem an der Westküste, zum Inbegriff höchster sportlicher Betätigung und so zum Traumsport des Amerikaners.

Die Idee, Surfen und Segeln miteinander zu verbinden

Anläßlich einer Party tauschten Hoyle Schweitzer und Jim Drake die jeweiligen Vor- und Nachteile des Surfens und des Segelns aus.

Die Idee jenes Abends war, die Vorteile dieser beiden Sportarten miteinander zu kombinieren. Hoyle Schweitzer, als der passionierte Surfer, war besonders von dem Gedanken angetan, künftig von den selten günstigen Wellenbedingungen unabhängig zu werden, während Jim Drake als der Segler vor allem in der Einfachheit eines Surfbrettes im Gegensatz zu einem herkömmlichen Segelboot eine besondere Attraktion sah.

1 Der Geschichtsabriß ist auszugsweise den schriftlichen Unterlagen zur Instruktorenausbildung des VDWS entnommen (Verfasser: Dago Benz).

Jim Drake als der Flugzeugkonstrukteur und Hoyle Schweitzer als der Computer-Fachmann spielten sich in den folgenden 2 Jahren in ihrer Freizeit die Ideen ihres gemeinsamen Projektes zu und konnten 1969 das Ergebnis zum Patent anmelden.
Während Jim als inzwischen hochdotierter Konstrukteur sein Interesse an einer kommerziellen Nutzung verlor, glaubte Hoyle an eine Chance, das neue Segelgerät zu vermarkten. Er kaufte kurzerhand dem kommerziell uninteressierten Jim dessen Hälfte ab und investierte sein gesamtes Kapital in eine Windsurferproduktion und Schutzrechte.
6 Jahre davor hatte allerdings ein Amerikaner eine ähnliche Idee. Sein Name war Newman Darby. Er baute anfänglich ein Floß mit Schwert und konstruierte auf dieses Floß ein Segel in Form eines Drachens, mit dem man nach gleichem Prinzip, aber mit ganz anderer Segeltechnik fahren mußte. Sein Gerät war sehr einfach zu handhaben und erinnerte in nur wenigen Details an ein Segelboot. Er hatte zudem kein Geld, um seine Idee schützen zu lassen und verschwand nach einem kurzen, aber beachtlichen Verkaufserfolg mit seinem Gerät wieder vom Markt. Dieses Gerät, vor allem aber seine ähnliche Konzeption, war oft Anlaß, die Patentwürdigkeit des Windsurfers anzuzweifeln.

Wie Windsurfing nach Europa kam

Durch die Veröffentlichung in einem hauseigenen Magazin der Firma Dupont, damals größter Chemiekonzern in Amerika, kam 1971 die Kunde von dem Produkt Windsurfer nach Europa. Anlaß für die Veröffentlichung war, daß über die Suche nach einem neuen Werkstoff für den Windsurfer ein neues Material erfunden wurde, das vernetzte Polyethylen, das fortan die bisherige Polyesterbauweise ablöste. Als Reaktion auf diesen Artikel reisten sofort einige Europäer nach Kalifornien. Neben einem Mann aus Deutschland, Calle Schmidt, und dem Schweden Pelle Fjaestad war es auch die Firma Ten-Cate, ein holländischer Textilkonzern, die sich für den europäischen Vertrieb des Produkts interessierten.
Ten-Cate bekam die Lizenz für Europa und fertigte 1973 in eigener Produktion orangefarbene und gelbe Bretter.

Gründung der ersten Klassenvereinigung

Auf Sylt wurde im Herbst 1973, während der ersten Europameisterschaft, die Deutsche Windsurferklassenvereinigung gegründet, die sich fortan um die Anerkennung als seglerische Disziplin beim DSV und den Behörden bemühte. Trotz spektakulärer Erfolge in allen Massenmedien kämpfte nämlich die starke Lobby der Segler damals vehement gegen diese »verirrten Trittbrettsegler«.

Gründung des VDWS

In der Auseinandersetzung mit den Behörden und Fachverbänden erwies es sich als sehr hilfreich, daß sich schon in den ersten Jahren einige Aktive verstärkt der Schulung des neuen Sports angenommen hatten. Neben der von Dago Benz gegründeten Windsurfschule 1973 am Bodensee war bald eine kleine Gruppe in ganz Deutschland in Sachen Schulung tätig geworden. Man traf sich bei den Regatten, tauschte Erfahrungen aus, und überall, wo es aktive Schulen gab, nahm der Sport einen rasanten Aufschwung und bot bei Behörden wenig Veranlassung, restriktiv einzuschreiten. Damals waren es Ernstfried Prade und Dago Benz, die sich neben dem Simulator auch die ersten Lernschritte einfallen ließen, aus denen sich nach und nach unser heutiges Modell entwickelte. Die Gründung des VDWS als einem Zusammenschluß von Leuten, die sich um Schulung bemühen wollten, fand im November 1974 in Attendorn anläßlich einer Jahreshauptversamlung der Deutschen Windsurfer Klassenvereinigung statt. Die Ziele waren klar, man wollte neben der Einheitlichkeit eines Schulungsmodells sich um die Ausbildung von Lehrern kümmern, um mit einer starken Schulorganisation den Sport ohne Sicherheitsrisiko weiter in die Breite tragen zu können.

Der VDWS heute

Seit 1974 hat sich der VDWS bemüht, mit der Entwicklung dieses jungen Sports auch in der Lehrerausbildung Schritt zu halten. Bewegungstechniken wurden verbessert, Unterrichtsmethoden kritisch überdacht, Unterrichtsmittel und Lernhilfen bereitgestellt.

Für die Ausbildung der Windsurflehrer an den Schulen des VDWS setzte der Verband ein *Lehrteam* ein.

Anfangs sechs, inzwischen 10 Ausbilder haben bisher über 1200 Instruktoren auf ihren Beruf vorbereitet. Diese Windsurfing-Instruktoren werden u. a. über ein Weiterbildungsangebot vom Verband betreut.

Die Nachfrage ist so groß, daß Aufnahmeprüfungen erforderlich sind. Das Anspruchsniveau ist von Jahr zu Jahr gestiegen, die Anforderungen werden erweitert, denn Windsurfen ist ein Breitensport geworden, der Probleme der Sicherheit, der Natur- und Umweltbelastung aufwirft.

Brettbeherrschung bei Windstärken bis mindestens 5 Beaufort und Erfahrung im Umgang mit Schülern werden zu wichtigen Eingangsvoraussetzungen, auf denen heute die Ausbildung zum Instruktor aufbaut.

Methodikausschuß

Die Ausbildungskonzeption, die ständige Überarbeitung der schriftlichen Ausbildungsunterlagen und die Lehrgangsplanung wurden dem eigens zu diesem Zweck eingesetzten Methodikausschuß übertragen.

Erfahrene Windsurfer haben durch ihren nahen Kontakt zu Hochschulen und

Universitäten im Methodikausschuß die Möglichkeit, neueste Erkenntnisse der Psychologie, Pädagogik, Medizin, Bewegungs- und Trainingslehre mit in die Lehrerausbildung einzubringen.
Das derzeitige Niveau der Instruktorenausbildung des VDWS bezüglich Fachwissen, Fahrkönnen und pädagogischen Fähigkeiten könnte Basis sein für eine staatliche Anerkennung dieses Berufes.

Ausbildungsgang zum Windsurfing-Instruktor des VDWS

Vom VDWS werden die auf den Instruktorenberuf vorbereitenden Lehrgänge *nach Bedarf* eingerichtet, so daß nach formlosem Antrag und Erfüllung aller Zulassungsformalitäten jedem Interessenten eine Teilnahme ermöglicht wird. Diese Grundlehrgänge als 1. Ausbildungsstufe finden wechselnd am Gardasee und im Norden Deutschlands statt.
Eine Leistungsüberprüfung erfolgt während der 5 Lehrgangstage im Bereich der Fertigkeiten und der Methodik.
Nach erfolgreichem Abschluß dieser *1. Ausbildungsstufe* wird der Status »Windsurfing-Instruktoren-Anwärter« verliehen.
Er berechtigt zu einem 100-Stundenpraktikum an einer Windsurfingschule des VDWS. Über das Praktikum muß ein von der Schule bestätigtes Berichtsheft geführt werden.

Hauptlehrgang

Die besten 50 Instruktorenanwärter aller Grundlehrgänge eines Jahres werden nach Vorlage des Berichtsheftes zu dem im Herbst am Gardasee stattfindenden Hauptlehrgang zugelassen.
Er dauert 8 Tage und schließt mit einer Theorieprüfung (Fragebogen, 2 Stunden Prüfungszeit) und einer Lehrprobe ab.
Eine zusätzliche Überprüfung der praktischen Fertigkeiten (Grundschule) ist möglich.

Das Grundschulmodell

Kritische Erfahrungsanalysen und Ergebnisse aus der Forschung haben ein Ausbildungsmodell entstehen lassen, welches die Schulung an allen, dem VDWS angeschlossenen Schulen deutlich prägt.
Folgende Merkmale können für das Ausbildungsmodell des VDWS als typisch gelten:

1. *Einheitlichkeit der Schülerausbildung*
1.1 Lerninhalte. Die Lerninhalte der Grundschule werden übersichtlich geordnet und in folgenden Blöcken zusammengefaßt:
1.1.1 Revier- und Unterrichtsorientierung
1.1.2 Materialkunde und Brettgewöhnung

1.1.3 Sicherheit
1.1.4 Fertigkeiten
1.1.5 Theorie
1.2 Die Bewegungstechniken wurden präzisiert und einheitlich formuliert.
1.3 Schriftliche und technische Unterrichts- und Lernhilfen stehen allen Schulen zur Verfügung

2. *Schulung am Simulator*
Zur Bildung von Bewegungsvorstellungen, Vermeidung von Einstiegshemmungen und zur Beschleunigung des Lernprozesses werden die Fertigkeiten der Grundschule zuerst am Simulator gelernt.

3. *Schulung an der Boje*
Zur Erleichterung der Organisation und Steigerung der Übersichtlichkeit und Sicherheit im Unterricht folgt nach der Einführung am Simulator die Schulung an Bojen auf dem Wasser. Die Bretter werden mit Leinen an den Bojen befestigt. Das Bojenfeld liegt abseits vom Hauptbetrieb. Es ermöglicht ungestörte Schulung im Gruppenrahmen.

4. *Theorie und Praxis*
Inhalte und zeitliche Planung der Theorie sind am Unterricht in der Praxis orientiert. So tritt zur Bewegungsausführung beim Steuern die physikalische Begründung hinzu.
Die Theorie findet nicht getrennt von der Praxis im Winter statt, sondern wenn das Thema organisatorisch und inhaltlich am besten und im direkten Bezug zur Praxis paßt.

5. *Einheitliche Lernkontrollen*
Der *Windsurfing-Grundschein* und die darauf aufbauenden weiteren Leistungsnachweise wie F-Schein, Freestyle, Regatta und Brandung runden die Einheitlichkeit der Ausbildung an VDWS-Schulen mit Lernkontrollen in Theorie und Praxis ab.
Der *Surf-Paß* weist die erreichten Leistungsstufen nach und dient als Vorlage bei der Ausleihe von Surfbrettern. Der im Surf-Paß enthaltene Grundschein wird vom Deutschen Seglerverband (DSV) anerkannt als Praxisprüfung im Führerschein für das Windsurfen (Segelsurfschein).
Wenn der VDWS auf Grund der genannten typischen Merkmale von einem »Ausbildungsmodell« spricht, ist damit nicht gemeint, daß an jeder Schule auf dieselbe Art unterrichtet wird. Dafür ist das Lernen allgemein und beson-

Der Inhaber dieses Windsurfing Grundscheins hat die praktische und theoretische Prüfung mit Erfolg abgelegt, er ist berechtigt, nach Maßgabe des Verbandes ein Segelbrett zu führen.

Dieser Windsurfing Grundschein gilt als praktische Prüfung für den Segelsurfschein des **DSV.**

Surfpass-Nr.

Der Inhaber hat die Prüfung vor dem VDWS-Prüfer abgelegt, der Grundschein wird hiermit erteilt.

Verband der deutschen Windsurfing Schulen e.V.

Ort

Datum

VDWS
Der Vorstand

VDWS-Prüfer

Klaus Gahmig — Ernstfried Prade

LEISTUNGSNACHWEIS

Der Inhaber des Surfpasses hat vor dem VDWS-Prüfer die Prüfung abgelegt.

BRANDUNG

Ort

Datum

Prüfer

Lizenz-Nr.

Schulstempel

REGATTA

Ort

Datum

Prüfer

Lizenz-Nr.

Schulstempel

FREESTYLE

Ort

Datum

Prüfer

Lizenz-Nr.

Schulstempel

SURF-PASS

VERBAND DER DEUTSCHEN WINDSURFING SCHULEN E.V. — VDWS

WINDSURFING GRUNDSCHEIN

FORTGESCHRITTENEN-SCHEIN
BRANDUNG
REGATTA
FREESTYLE

VDWS Verband der deutschen Windsurfing Schulen e.V.

SURF-PASS

Foto

Stempel

Surfpass-Nr.

Vorname

Name

Geb. am

Wohnort

Straße

F-SCHEIN

Der Inhaber des Surfpasses hat vor dem VDWS-Prüfer die Prüfung abgelegt.

Ort

Datum

Prüfer

Lizenz-Nr.

Schulstempel

Verband der deutschen Windsurfing Schulen e.V.

VDWS
Der Vorstand

Klaus Gahmig — Ernstfried Prade

Der anhängende Windsurfing Grundschein wird vom DSV als Praxisteil zum Segelsurfschein anerkannt.

WINDSURFING GRUNDSCHEIN

Foto

Stempel

Vorname

Name

Geb. am

Wohnort

Straße

ders beim Windsurfen von allzuviel sich verändernden Einflüssen abhängig. Der Lehrer, das Wetter, die Belastbarkeit des Schülers oder das Revier z. B. sind Faktoren, die jeden Unterricht immer wieder anders machen.
»Modell« heißt also nicht »Rezept«. Das Modell hat lediglich grobe, aber dafür klare Erkennungsmerkmale, welche für viele gültig sind, die sich auch mit Schulung beschäftigt haben.

Die Europäisierung der deutschen Schulungsidee

Zur Zeit sind etwa 400 Schulen in Deutschland und 100 deutsche Schulen im Ausland, vornehmlich im Mittelmeerraum, Mitglied im VDWS.
Die Entwicklung und Ausweitung der Schulungsidee in Deutschland, die dank der Arbeit des Verbandes ohne größere Konflikte sehr rasch vonstatten ging, ist von Anfang an beispielhaft und Vorbild für die europäischen Nachbarn gewesen.
Dies zeigen Anfragen aus ganz Europa, die das Interesse an dem Modell des VDWS dokumentieren.
Auf Veranlassung des damaligen Weltpräsidenten der Windsurfer-Klasse, Graf Seysell, wurden mit finanzieller Unterstützung aus Klassenmitteln die IWS, International Windsurfing Schools, gegründet.
Ernstfried Prade und Dago Benz erhielten den Auftrag, eine internationale Schulungsorganisation zu bilden.
Gemeinsame Lehrgänge im Ausland und Leitfäden für die Schulung in verschiedenen Sprachen waren die Ergebnisse der Bemühungen, die in fast allen europäischen Ländern erzielt werden konnten.
Die Schulung lief an nach dem Muster des deutschen Modells. Die Idee, Ausbildungsrichtlinien international zu vereinheitlichen, erfuhr 1981 neue Impulse, als mit Schulverbänden in Österreich, der Schweiz und in Schweden Kooperationsverträge abgeschlossen wurden, die nicht nur gegenseitige Anerkennung der Grundscheine garantierten, sondern vor allem die Verpflichtung zur Angleichung der Konzeptionen von Lehrer- und Schülerausbildung zur Auflage machten.
Mit diesem Zusammenschluß der Schulverbände auf internationaler Ebene entstand ein Schulverband mit über 650 Mitgliedsschulen: der Anfang zur Fortsetzung der Idee eines »europäischen Modells«?

Die Patentsituation und ihre Auswirkung

Schon vor einigen Jahren hat ein bekannter deutscher Segler vom Windsurfen als der größten Erfindung der letzten hundert Jahre im Bereich der Segelwelt gesprochen. Dies allein erklärt die Attraktion, die von dieser neuen Sportart von Anfang an ausging und zahllose Hersteller auf den Plan rief – ungeachtet der Schutzrechte, die die beiden Erfinder Schweitzer und

Drake seit 1971 in Deutschland besaßen. Dieser vorläufige Patentschutz hätte normalerweise ausgereicht, um jeden anderen Hersteller an dem Bau eines Segelbrettes zu hindern. Allein die Vielzahl der Verletzer machte es den im fernen Kalifornien lebenden Schutzrecht-Inhabern unmöglich, das Richtige zu tun. Nach gültigem deutschen Recht hätte gegen jeden Verletzer sofort ein Strafverfahren eingeleitet werden müssen, allerdings jeweils gegen Hinterlegung einer Sicherheitsleistung in Höhe des Streitwertes. Dem Patentinhaber blieb deshalb keine andere Wahl, als jeweils den stärksten Verletzer herauszugreifen und sich von dem jeweiligen Prozeßausgang eine gewisse Signalwirkung auf die anderen zu erhoffen. Wegen des schwierigen Prozeßverfahrens durften sich jedoch die anderen in einer relativen Sicherheit wähnen und hatten außerdem noch Gelegenheit, für eine weitere Besonderheit in diesem Rechtsstreit zu sorgen.
Zwischen einem vorläufigen Patent und der endgültigen Patenterteilung liegen normalerweise höchstens 1 bis 2 Jahre, in denen ein Patentgericht die möglichen Einsprüche prüft. Im Falle des Windsurfer-Patentes ist es dank der konzertierten Aktion der Verletzer, die alle auf Zeitgewinn aus waren, zu der Einmaligkeit gekommen, daß für die endgültige Patententscheidung ein Zeitraum von $7^1/_2$ Jahren vergehen mußte. Die letztinstanzliche Bestätigung dieses Patentbeschlusses traf dann natürlich mit aller Härte jene, die nur auf Zeitgewinn aus waren.

Die Entwicklung im sportlichen Bereich

Ein Team sehr erfahrener Regatta-Segler hatte sich zur Einführung eines neuen Bootes ein Konzept ausgedacht, um die vielgeschmähte Materialschlacht im Regattasport mit diesem Boot auszuschließen. Das besondere an dieser Idee war, über Lizenzvergabe in den verschiedenen Erdteilen die absolute Einheitlichkeit der Produkte weltweit garantieren zu können und durch ein Mitspracherecht in den Klassen die bisher übliche Eigenverantwortlichkeit wesentlich zu reduzieren. Während die Seglerwelt äußerst zurückhaltend auf diese Neuigkeit reagierte, war Hoyle Schweitzer von dieser Konzeption so angetan, daß er diese bis in alle Details übernahm. Natürlich erkannte er wie kein anderer die geradezu idealen Voraussetzungen eines Segelbrettes im Sinne des olympischen Gedankens: also ein relativ einfaches Gerät, bei dem durch die totale Vereinheitlichung nicht mehr das Material, sondern allein die Qualität des Seglers siegentscheidend ist.
Nach diesem Konzept wurde die Windsurfer-Eintypklasse ein so wichtiger und erfolgreicher Motor für die Entwicklung und die Verbreitung dieser neuen Sportart, daß auch andere Hersteller mit ihren Produkten (z. B. Windglider, Mistral, Sailboard) sich dieser Idee anschlossen und eigen Eintyp-

klassen gründeten. Von Anfang an allerdings standen diese Eintypklassen in einem fairen Wettstreit mit dem Konzept einer offenen Klasse, in der den Herstellern innerhalb vorgegebener Grenzmaße genügend Spielraum bleibt, um sich mit Neuigkeiten dem jeweiligen Stand der Technik anzupassen. Dies war für die Entwicklung der Segelbretter von großem Vorteil und bot bis zum heutigen Tage jedem interessierten Sportler die Möglichkeit, sich in einer breiten Palette von verschiedenen Bootstypen zu entscheiden.
Allerdings hatte die Orientierung der Hersteller am Regattasport zur Folge, daß die meisten Bootstypen als »Verdränger« (rundes Unterwasserschiff) oder allenfalls als Mischform (Unterwasserschiff am Bug rund oder angekielt, am Heck flach) konzipiert wurden, um ihnen gute Eignung für das Höhelaufen zu geben. »Gleiter« wurden bis etwa 1980 nur in Handarbeit (custom made) hergestellt und in geringer Stückzahl angeboten. Ein neuer Trend zeichnete sich erst 1980 und für die Großserienproduktion 1981 ab; erstmals kommen jetzt in großer Stückzahl reine »Gleiter« (ebenes Unterwasserschiff; kurzer, fast ebener Rumpf) auf den Markt, die als »Sprungbrett«, »Starkwindbrett« oder auch »Funboard« (»Spaßbrett«) angeboten werden. Sie sind an hawaiianischen oder australischen Entwicklungen orientiert und eröffnen sportarttypische Dimensionen des Windsurfens, die mit den regattaorientierten Brettern nicht oder nur eingeschränkt erreicht werden konnten.

Die IYRU – Beitrag zum Windsurfing

Die International Yacht Racing Union, kurz IYRU, ist das verantwortliche Gremium, das als höchste Instanz über alle seglerischen Fragen entscheidet. Die IYRU hat von ihrer Aufgabenstellung her z. B. dafür zu sorgen, daß über eine von ihr gewählte beschränkte Anzahl von Bootstypen der seglerische Wettkampf auf internationaler Ebene so fair und so zeitgemäß wie möglich sichergestellt wird. Die IYRU war auch das Gremium, in dem entschieden wurde, mit welchem Segelbrett bei der *Olympiade* gesegelt wird. Die Entscheidung fiel zwischen insgesamt drei Möglichkeiten: dem Brett einer international anerkannten Eintypklasse, wie dem Windsurfer oder dem Windglider, der offenen Klasse mit Grenzmaßen, die jedem Hersteller ein relatives Maß an Konstruktionsspielraum gelassen hätte, oder einem völlig neuen Brett, das über einen international ausgeschriebenen Wettbewerb zu ermitteln gewesen wäre. Gegen letzteres sprach vor allem der Faktor Zeit, denn bei einem Wettbewerb benötigt man wenigstens 2 Jahre Spielraum, bis das dann ermittelte neue Produkt gebaut werden kann. Ohne den Zeitfaktor wäre wohl mit Sicherheit dieses Verfahren gewählt worden, um ein Olympiabrett zu finden.

Gegen die Alternative, die offene Klasse zum Olympiabrett zu machen, sprachen die Erkenntnisse, die man in den letzten Jahren in Europa gewonnen hatte. Als Hauptprobleme hatte man die Schnellebigkeit der Produktentwicklungen, den damit begünstigenden Professionalismus sowie die zunehmenden Probleme des Vermessens erkannt.
Für die Wahl eines Brettes aus den bestehenden Eintypklassen war in erster Linie die garantierte Einheitlichkeit, vor allem aber der Faktor Zeit ausschlaggebend, da man hier auf schon bestehende funktionierende internationale Klassenorganisationen zurückgreifen konnte. Als zusätzliches Kriterium mußte die IYRU erstmals auf bestehende Patentrechte Rücksicht nehmen und die Entscheidung mit dem Patentinhaber Hoyle Schweitzer abstimmen.
Für die Wahl des Olympiabrettes Windglider sprachen im wesentlichen die bereits bestehenden Lizenzrechte, die damit jedes Patentrisiko ausschlossen, die Anpassungsfähigkeit der Windglider-Klassenvereinigung, die sich nach den IYRU-Wünschen richten konnte und nicht zuletzt das relativ einfache Polyester-Herstellungsverfahren, das auch in den nicht hochtechnisierten Ländern die Herstellung solcher Bretter problemlos ermöglicht.

Zukunftsperspektiven

Windsurfen ist auf dem Wege zu einem freizeitorientierten Breitensport in einem Umfang und mit einer Eigendynamik, wie bisher nicht vorstellbar.
Der VDWS hat sich immer mitverantwortlich gefühlt für die Bewältigung der Probleme, die durch das schnelle Wachstum und einen »Jedermann-Sport« entstehen. Die Gewässer und Reviere werden an Wochenenden und in der Urlaubszeit extrem belastet. Traditionelle Wassersportarten wie Schwimmen, Segeln, Rudern, Paddeln, Tauchen oder Aktivitäten mit Freizeitgeräten wie z. B. Schlauchbooten und Tretbooten werden in ihrer Ausübung eingeengt oder zurückgedrängt.
Angler fühlen sich belästigt und in ihrer Freizeitbeschäftigung gestört, Naturschützer bangen um den Erhalt der Tier- und Pflanzenwelt, entrüsten sich über die scharenweise einfallenden Wochenendsurfer, welche die Natur in Ufernähe der Gewässer für ihren Aufenthalt benutzen und oft allzu deutliche Spuren hinterlassen.
Windsurfen ist »in«, wird zur Mode, die viele mitreißt und einzelne dazu verleitet, sich wegen mangelnder körperlicher und gesundheitlicher Voraussetzungen oder aus Prestigegründen Freunden und Nachbarn gegenüber zu überschätzen und zu überfordern.
Sie bringen dadurch sich selbst und andere in Gefahr.
Andererseits spricht der Zuwachs einer so jungen Sportart natürlich auch für die Faszination, die von ihr ausgeht. Das Erlebnis, – aufgrund eigener

Entscheidung – sein Brett, die Welle und immer mehr Wind bei immer höheren Geschwindigkeiten zu beherrschen, ist tiefgreifend und führt zu Erinnerungen, die nachhaltig zur erneuten Aktivität herausfordern.
Im VDWS und in anderen verantwortungsbewußt arbeitenden Gremien hat man längst diese beiden Seiten der Medaille erkannt. Deshalb wurde den Problemen der Sicherheit, Natur- und Umweltbelastung im Lernzielkatalog besondere Bedeutung beigemessen. Durch das Kennenlernen von notwendigen Gesetzen und Paragraphen und durch die Anleitung zur richtigen Selbsteinschätzung, zum Selbstlernen und zum Lernen in der Gruppe werden Verhaltensweisen und Einstellungen angeregt, die helfen sollen, den Sport in der Breite sicherer zu machen und seine Freiheit zu erhalten.
Der VDWS wird bemüht sein, in der Öffentlichkeit das Bewußtsein zu schaffen, daß qualifizierter Unterricht in einer WS-Schule die Lernzeit verkürzt und die notwendigen Voraussetzungen schafft für die Ausübung dieser Sportart in Verantwortung für die eigene Person und andere.

Wer Regeln und Gesetze nicht kennt, kann sie nicht beachten; wer keine Rücksichtnahme gelernt hat, wird sie nicht üben. Wer Falsches gelernt hat, wird es sich nur schwer wieder abgewöhnen können.

Der VDWS empfiehlt Behörden und Seeverwaltungen – aus Sicherheitsgründen und zur Offenhaltung einer so faszinierenden Sportart für jeden – die Wassernutzung für das Windsurfen von einer Leistungskontrolle abhängig zu machen, die zumindest eine gründliche Auseinandersetzung mit allen zur Grundausbildung zählenden Lerninhalten garantiert.
Der Grundschein des VDWS hat sich als Schulungsnachweis bereits vielfältig bewährt.
Der Führerschein (Segelsurfschein) des Deutschen Seglerverbandes (DSV) bietet eine zusätzliche Möglichkeit zur Überprüfung des Gelernten.
Bevor eine gesetzliche Regelung notwendig wird, um Unfälle und Umweltschäden zu vermeiden, sollte jeder Freund des Windsurfens freiwillig bereit sein, den Sport voll und ganz zu erlernen, um nicht zu einer Gefahr für sich, für den anderen oder gar für das Windsurfen insgesamt zu werden.
Der VDWS sieht es als seine Aufgabe an, die Qualität seines Schulungsmodells auch weiterhin fortlaufend zu verbessern und seine Instruktoren und Ausbildungsstätten zu überprüfen, damit sie den ständig wachsenden Anforderungen gerecht werden können. Schulüberprüfungen und die Pflicht zur Weiterbildung für alle Instruktoren sind in Satzung und Ausbildungsordnung des VDWS verankert.

TEIL I

Die Adressaten

Der Lehrplan wendet sich an den Ausbilder, aber auch an den Schüler und Autodidakten.
Für den *Ausbilder* werden Inhalte, Lernziele, Unterrichtsmethoden und weitere wichtige Kriterien für einen vollständigen und sinnvollen Unterricht bis zum Windsurfing-Grundschein vorgestellt.
Der *Schüler* erhält im Teil I Einblick in die inhaltlichen und methodischen Entscheidungen des Lehrers. Er kann im Teil II offengebliebene Probleme in Praxis oder Theorie ausführlich nachlesen und sich anhand der Arbeits- und Prüfungsfragen auf die Grundscheinprüfung vorbereiten. Der Lehrplan geht über den Inhalt einer rein praktischen Lernanweisung weit hinaus und vermittelt Hintergrundwissen und wichtige Zusatzinformationen zur Geschichte, Methodik, Theorie und Praxis.
Der *Autodidakt* (Selbstlerner) kann sich einen Überblick verschaffen über den Stoff, welcher bis zum Windsurfen-Können bewältigt werden muß. Vieles wird er sich selbständig erarbeiten können. In der Praxis wird er den Lehrer allerdings besonders vermissen. Denn Fehler in der Bewegungsausführung als Ursachen für Stürze, für Verzweiflung bei stärkerem Wind oder für Rückenschmerzen sind nur für das geschulte Auge eines Lehrers klar erkennbar.
Insgesamt gibt der Lehrplan Richtlinien für eine geordnete Schulung an allen Ausbildungsstätten des VDWS. Anhand von Planungsgrundsätzen und Regeln für den Aufbau der Grundschulung kann sich der Windsurflehrer seinen Unterricht eigenverantwortlich aufbauen.

Übergeordnete Leitziele

Der Unterricht im Windsurfen orientiert sich an sogenannten Leitzielen, welche die Auswahl und Anordnung der Lernschritte für jede Unterrichtsstunde und alle Entscheidungen des Lehrers während des Unterrichts maßgeblich beeinflussen.

Leitziele

- Bildung von Einstellungen zur Erhaltung der *natürlichen Umwelt*
- Entwicklung eines individuellen und sozialen *Verantwortungsbewußtseins* im Hinblick auf *Sicherheit* für Leben und Material
- Wecken von Aufmerksamkeit für die *Gesunderhaltung* durch maßvolle körperliche Belastung
- Entdecken und langfristiges Erhalten von *Freude am Windsurfen* in der faszinierenden Auseinandersetzung mit den Naturkräften.
- Vermittlung von *Bewegungs-Fertigkeiten* zur Beherrschung des Windsurfens bei Windstärken bis zu 3 Bft.
- Einblick in theoretische *Zusammenhänge* beim Windsurfen.

Durch Orientierung des Unterrichts an solchen Leitzielen soll der Schüler Anregungen erfahren und Fähigkeiten erwerben, die es ihm ermöglichen, im Anschluß an die Schulung an sich selbst weiterzuarbeiten und sich umwelt- und sicherheitsbewußt zu verhalten.

Unterricht und Unterrichtsplanung

Der Schüler mit seinen Lernvoraussetzungen

Die Diskussion darüber, wer geeignet ist, das Windsurfen auszuüben, ist heute nicht abgeschlossen. Allerdings sind wir in der Lage, Mindestanforderungen zu formulieren. So muß unser Schüler unbedingt schwimmen können, auch mit dem Kopf unter Wasser. Außerdem sollte bei gesundheitlichen Störungen eine ärztliche Zustimmung (schriftlich) unbedingte Voraussetzung sein. Ratsam wären Freischwimmer- und ein Sport-Tauglichkeitszeugnis. Über das Alter wird hingegen ge-

stritten. Die medizinischen Untersuchungen zur Belastungsfähigkeit der Wirbelsäule, der Knochen und Gelenke im Jugendalter und speziell die Untersuchungen der Belastungen beim Windsurfen sind nicht abgeschlossen.
Wenn bei der Schulung Überbelastungen und Dauerleistungen vermieden werden, können folgende Faustregeln genügen:

Alle diejenigen sind für das Windsurfen geeignet:
- die mindestens 15 Minuten im tiefen Wasser schwimmen können
- die gesund sind (Sporttauglichkeitszeugnis)
- die nach dem Erlernen der richtigen Technik in der Lage sind, mindestens ein leichtes Kinderrigg oder ein Rigg mit kleinem Segel bei Wind bis zu 3 Bft. aus dem Wasser zu ziehen.

Altersangaben können in diesen Faustregeln nicht enthalten sein. Die Altersgrenzen sind zu sehr von der individuellen Konstitution (Körperbau) und Kondition (Belastbarkeit, momentane körperliche Leistungsfähigkeit) und der Motivation (dem »inneren Antrieb«) abhängig.
So kann im Einzelfall ein 7jähriges Mädchen durchaus die genannten Mindestanforderungen erfüllen; etwa durch vielseitige sportliche Betätigung über den Schulsport hinaus, durch Freude am Schwimmen und Tauchen, durch waches Interesse, welches in der Regel durch Zuschauen oder Mitfahren bei den Eltern geweckt wird.
Auch 70jährige können noch Windsurfen lernen. Körperliche Fitness und geistige Aufgeschlossenheit sorgen auch im hohen Alter noch für Voraussetzungen, die Bewegungslernen möglich machen.
Hier wie dort darf dem Lehrer die Entscheidung über die Zulassung solcher »Extremfälle« zum Unterricht nicht abgenommen werden.

Beispiel für konstante und variable (veränderliche) Faktoren im Windsurfunterricht

	Schüler	*Unterrichtsort/Revier*
konstant	Lebensalter Entwicklungsalter Konstitution (Größe, Gewicht) Kondition Vorkenntnisse Geschlecht Beruf Sprachkenntnisse	Schulungsmaterial Unterrichtshilfen Sicherheitsausrüstung Uferbeschaffenheit Riffs, Strömungen, Tide Klima Schiffahrtslinien Sperrgebiete Unterrichtsdauer Unterrichtszeit (Tageszeit)
variabel	Motivation körperliche Verfassung Gruppengröße Zusammensetzung der Gruppen	Witterung (Windstärke, Welle, Wasser-, Lufttemperatur) Badebetrieb Frequentierung von Revier und Strand Zuschauer Motorboote andere Surfer

Bei *Kindern und Jugendlichen* kommt zur individuellen Leistungsfähigkeit noch hinzu, daß sie sich bis etwa zum 18. Lebensjahr in körperlicher und geistiger Entwicklung befinden.
Hier ist hilfreich zu wissen, daß körperliche Entwicklung und Reifung im Prinzip nach demselben Schema ablaufen.
Erkennbar sind die Stadien an äußeren Entwicklungs- und Reifungsmerkmalen, mit welchen innere Veränderungen organischer, psychischer und intellektueller Art einhergehen. So folgt auf einen deutli-

chen Wachstumsschub ein Zeitraum der Kräftigung der Muskulatur und der Anpassung der inneren Organe. Entwicklung ist somit als ein individueller dynamischer Prozeß zu verstehen, welcher allerdings eine allgemeine Zuordnung zum Lebensalter nur bedingt zuläßt.

Es wird deshalb kaum gelingen, aus 5 zehnjährigen Kindern eine homogene Gruppe mit gleichen körperlichen Voraussetzungen und Interessen zu bilden.

Trotzdem werden natürlich alle 5 Kinder Windsurfen lernen können, wenn sie die vorgenannten Bedingungen erfüllen.

Doch können die 5 Kinder den Lehrer voll in Anspruch nehmen, ihn mit all seiner Menschenkenntnis und seinem methodischen Geschick fordern.

Zu der Abhängigkeit des Unterrichts von den leistungs-, belastungs-, alters- und motivationsbedingten Voraussetzungen stehen in jeder Stunde und für jede Stunde Entscheidungen an, die u. a. vom Revier und vom Wetter abhängen.

Kenntnis und Beachtung dieser äußeren veränderlichen Bedingungen sind entscheidende Forderung für eine gewissenhafte Planung des Unterrichts.

Anders ist es unmöglich, flexibel auf Situationen zu reagieren.

(Vgl. Übersicht auf Seite 26)

Der Unterrichtsstoff

Zu besseren Übersicht, was alles zum Inhalt einer Grundschulung gehört, werden die verschiedenen Themen nach Sachzusammenhang zu 5 Unterrichtsblöcken gruppiert.

Im Block Theorie werden auch Lerninhalte aufgenommen, die nicht unmittelbar zum Prüfungsstoff gehören, aber für eine vertiefte Auseinandersetzung mit der Grundschulung unerläßlich sind.

Die Prüfungsfragen sind im Anhang abgedruckt.

Hier die Übersicht über die Lerninhalte der Grundschulung:

I. Revier- und Unterrichtsorientierung (Orientierungsphase)

Zurechtfinden im Gelände mit Hinweisen auf besondere Gefahren
Zurechtfinden in den Einrichtungen der Schule
Erklärung des Ordnungsrahmens
Übersicht über Ziele und Methoden des Unterrichts
Kennenlernen von Lehrer und Schüler in der Gruppe

II. Materialkunde und Brettgewöhnung

Teile eines Surfbrettes und Fachbegriffe
Knoten
Aufriggen, bergungsfähiges Zusammenlegen des Riggs
Autotransport
Tragen von Rigg und Brett
Spiel- und Übungsformen zur Brettgewöhnung mit und ohne Rigg

III. Sicherheit und Umwelt

Allgemeine Verhaltensregeln
Vorfahrt
Revierbeschränkung
Notsignal und Ausrüstungsmittel
Verhalten in Notsituationen/Abgeschleppt werden
Bekleidung
Auswahl der Segelgröße
Verschiedene Segelarten
Überprüfen des Geräts
Wetter
Beaufortskala und Sturmsignale
Naturschutz und Surfen
Umwelt und Surfen

IV. Fertigkeiten

Segelaufholen
Grundstellung, Sicherheitsstellung
halbe Drehung (180° Drehung)
Startposition und Start
Auffieren/Dichtholen
Notstop
Fahrstellung
Steuern, Fahren auf verschiedenen Kursen
Wende
Halse
Kreuzen

V. Theorie

Atmosphärischer Wind (W_A), Fahrtwind (W_F), relativer Wind (W_R)
Kraftwirkungen am Segel und am Brett
Anstellwinkel
Segelschnitt
Segeltrimm
Segeldruckpunkt
Lateraldruckpunkt
Darstellung der Kräfte
Querkraft und Vortrieb
Segelstellung
Fußstellung und Gewichtstrimm
Abdrift durch Wind, Wirkung von Schwert und Finne
Abdrift durch Strömung
Steuerung
Fahrtrichtungen und Kurse

Die Anordnung des Stoffes

Die Auflistung der Lerninhalte folgt zwar logischen Kriterien, gibt aber damit noch nicht eine methodische Reihe vor, nach welcher der Unterricht ablaufen muß.
Wie gezeigt wurde, beeinflussen zu viele variable Faktoren in den unterschiedlichsten Revieren die methodischen Entscheidungen des Lehrers und verurteilen vorgefertigte Musterpläne von vornherein zum Scheitern.
Wenn hier trotzdem Regeln für die Stoffanordnung im Unterricht angeboten werden, so können sie nur als allgemeine Richtlinien gelten, für die im wesentlichen Sicherheitsaspekte und Erfahrungswerte verantwortlich zeichnen.
Die zeitliche Planung und Verteilung der Themen auf die Unterrichtstage sind an die besonderen Gegebenheiten anzupassen und bleiben dem Lehrer überlassen.
8 bis 10 Lerneinheiten sind i. d. Regel das Minimum.
Daher wird ein Kurs in diesem Stundenumfang als Grundkurs von vielen Schulen angeboten. Individuell können darüber hinaus weitere Stunden nützlich bis unverzichtbar sein. Auch darauf sollten die Schulen vorbereitet sein.
Die folgenden Unterrichtsthemen bilden sinnvolle Lerneinheiten. Sie sollten nicht aus dem Zusammenhang gerissen, sondern nacheinander abgehandelt werden.

Block	Thema
A I	Begrüßung, Begrüßungsgetränk
I	Kennenlernen in der Gruppe
I	Darstellung der Unterrichtsziele und -methoden
I	Revier- und Geländebesichtigung
I	Einweisung in den Ordnungsrahmen
B II	Brettgewöhnung und Balance ohne Rigg
C II	Teile des Surfbretts, mindestens: Bug, Heck Schwert, Finne Mastfußaussparung, Schwertkasten Mast, Mastfuß Segel, Segellatten Gabelbaum, Startschot
II	Knoten, mindestens: halber Schlag, Achtknoten
IV	Lee und Luv (Definitionen)
II	Tragen von Rigg und Brett
D IV	Segelaufholen Grundstellung halbe Drehung
E II	Brettgewöhnung mit Rigg, mindestens: Tauchen unter Rigg, Brett um Längsachse drehen
IV	Startposition, Start, Fahrstellung Auffieren, Dichtholen
F II	Bergungsfähiges Zusammenlegen des Riggs Aufriggen an Land und auf dem Wasser
III	Allgemeine Verhaltensregeln, Vorfahrt- und Abstandsregeln Überprüfen des Geräts Stoppen Verhalten beim Abgeschlepptwerden
G IV	Halbe Drehung wiederholen Steuern

H IV	Steuern wiederholen Wende Notstop durch Backhalten
J IV	Halse Kreuzen

Folgende 3 Unterrichtseinheiten können, den Wind-Witterungsverhältnissen angepaßt, beliebig eingefügt werden:

K II	Aufriggen, Knoten (mindestens Kreuzknoten, Stopperstek, Palstek, einfacher Schotstek) und Wiederholung (halber Schlag, Achtknoten)
II	Autotransport
L III	Notsignal Bekleidung Segelgröße Wetter
MV	W_A, W_R, W_F optimale Segelstellung Fußstellung und Gewichtstrimm Abdrift, Bedeutung von Schwert und Finne Steuerung Fahrtrichtungen und Kurse

Bei dieser Zusammenfassung der Themen zu Lerneinheiten und für die Reihenfolge dieser Lerneinheiten wird vorausgesetzt, daß die Schulung bis zum *Auffieren, Dichtholen* (Unterrichtseinheit E) auf dem Wasser nur an der Boje stattfindet, noch nicht im »Freien Fahren«, also losgelöst von der Boje. Kann keine Bojenschulung durchgeführt werden, so muß die Lerneinheit F aus Sicherheitsgründen unbedingt vor Lerneinheit E eingeschoben werden, damit sich die Schüler auf dem Wasser zu helfen wissen und sich und andere nicht gefährden.

Zusammenfassung von mehreren Gruppen
Für die Lerneinheiten B, C, F, K, und L und M können mehrere Gruppen gleichzeitig unterrichtet werden. Dadurch wird Zeit zugunsten gruppenspezifischer und individueller Betreuung eingespart.

Unterrichtsziele

Die THEMEN geben nur einen groben Rahmen ab für das, was wirklich im Unterricht geschieht. Zur genaueren Orientierung ist die Angabe des Zieles erforderlich, das am Ende einer Lerneinheit erreicht und vom Lehrer auch überprüft werden kann. Andernfalls kann es passieren, daß Schüler und Lehrer irgendwo ankommen, »wo sie eigentlich gar nicht hin wollten«.
Für die *Einführungsstunde* lassen sich etwa folgende Ziele formulieren (Lerneinheit A):

Schüler und Lehrer sollen sich mit Namen kennen und sich gegenseitig einschätzen können

Die Schüler sollen einen Überblick über den Stoff und die Methoden gewinnen

Die Schüler sollen sich im Schulungsrevier zurechtfinden und besondere Gefahren nennen können

Die Schüler sollen die Unterrichtszeiten und die Ordnung in der Schule kennen und verstehen

Unterrichtsmethoden

So wie es bei Zielfahrten nach München oder Hamburg immer verschiedene Wege gibt, die bei Fahrtantritt vom Fahrer zu entscheiden und während der Fahrt immer wieder zu überprüfen sind, so muß auch der Lehrer nach der Festlegung der Unterrichtsziele den Weg *(die Methode)* auswählen, auf welchem die Schüler die Ziele erreichen sollen. »Kursbücher« oder »Rezepte« gibt es dafür nicht.
Die Wahl wird erleichtert, wenn die Methoden mit ihren Vor- und Nachteilen bekannt sind. Da sich eigentlich nur zwei Unterrichtsmethoden mit grundsätzlich andersartigem Ansatzpunkt gegenüberstehen, bleibt das Problem für Lehrer und Schüler überschaubar. Beispiele aus der Pra-

xis werden – eher als theoretische Erläuterungen – die unterschiedlichen Ausgangspunkte deutlich machen können. Hier je drei *typische Unterrichtssituationen* in der Gegenüberstellung:

Karikatur A

Beispiel A 1
Die Gruppe sitzt im Kreis und diskutiert über ein Problem, das vom Lehrer aufgeworfen wurde, z. B. »Warum fällt EMMA immer ins Wasser?«

Beispiel A 2
Der Lehrer läßt eine Gruppe am Simulator selbständig üben, nachdem er die Bewegungsvorstellung durch Abfragen überprüft, Fehlermöglichkeiten durchgesprochen und Beobachtungsaufgaben verteilt hat.

Beispiel A 3
Der Lehrer gibt 2 Schülern die Aufgabe, zu einer Boje im Wind aufzukreuzen und gemeinsam wieder anzukommen.

Karikatur B

Beispiel B 1

Die Gruppe steht am Simulator und schaut zu, wie der Lehrer den Fehler von EMMA demonstriert und erklärt, warum sie immer ins Wasser fällt.

Beispiel B 2

Der Lehrer demonstriert nochmals eine Bewegung auf dem Simulator, läßt jeden Schüler nachmachen und korrigiert durch präzise Bewegungsanweisungen.

Beispiel B 3

Der Lehrer kreuzt mit 2 Schülern zu einer im Wind liegenden Boje auf, gibt unterwegs Anweisungen und sorgt für gemeinsame Rückkehr.

Die *Lernziele* der 3 geschilderten Unterrichtssituationen sind auf den ersten Blick für A und B nahezu gleich. Bei näherem Hinsehen wird man beim Lehrer und bei den Schülern ganz gegensätzliche *Verhaltensweisen* feststellen können, die den Lernprozeß charakterisieren und ganz sicher auch das *Lernergebnis* entscheidend beeinflussen.

Lernziele

Beispiel 1
EMMA soll lernen, warum sie ins Wasser fällt, und ihren Fehler abstellen.
Beispiel 2
Eine bereits gelernte Bewegung soll von jedem Schüler der Gruppe nochmals am Simulator überprüft und geübt werden.
Beispiel 3
Die Schüler sollen das Aufkreuzen gegen den Wind lernen und gegenseitige Rücksichtnahme üben.

Typische Verhaltensweisen des Lehrers und der Schüler in der Gegenüberstellung

Beispiel A
Der Lehrer tritt nach Bekanntgabe der Aufgabe in den Hintergrund, beobachtet mehr oder weniger unbemerkt die Lösungsversuche und greift nur ein, wenn die Schüler in eine Sackgasse geraten oder Gefahr droht.

Der Schüler ist angewiesen auf eigene Initiative und Entscheidungen, auf Hilfen oder Einschränkungen durch die Gruppe. Er kann nur so gut sein, wie die Gruppe es zuläßt. Die Gruppe profitiert andererseits von den Ideen einzelner. Fehler dürfen gemacht werden. Sie erfahren eine Korrektur, wenn die Gruppe selbst sie findet.

Beispiel B
Der Lehrer nimmt eine führende Position ein. Er gibt Anweisungen, demonstriert, fährt vor, korrigiert, mahnt zur Eile oder bremst die Geschwindigkeit.

Der Schüler ist abhängig vom Lehrer. Er erhält aber sofort die notwendigen Informationen, um eine Aufgabe richtig lösen zu können. Fehler werden fachkundig korrigiert. Der Schüler bleibt in der Gruppe ein Individuum, er braucht die Gruppe eigentlich nicht. Der Unterricht erfolgt vorwiegend vom Lehrer in Richtung Schüler.

Vorteile und Nachteile in der Gegenüberstellung

Beispiel A Vorteile
Der Schüler lernt, Rücksicht zu nehmen auf andere und Hilfen von anderen anzunehmen. Er findet unabhängig vom Lehrer zu Lösungen, er erfährt den Lehrer als Partner, der nach der Aufgabenstellung nur eingreift, wenn Hilfe notwendig ist oder Gefahr droht. Selbstverantwortete Erfolgserlebnisse motivieren stark zur Weiterarbeit. Der Lehrer wird entlastet und kann sich auf eine Beobachterposition zurückziehen.

Beispiel A Nachteile
Die Ergebnisse des Unterrichts können für die Gruppenmitglieder unterschiedlich und müssen nicht immer positiv sein.
Die zeitliche Planung ist schwierig, der Weg zum Ziel kann lang werden. Der Lehrer muß flexibel reagieren können. Er kann die Ereignisse nur ungenau voraussehen und vorausplanen.

Beispiel B Vorteile
Der Unterricht ist übersichtlich, geordnet und vom Lehrer inhaltlich und zeitlich in vollem Umfang gut zu planen. Die Lernergebnisse sind gut zu erkennen und stellen sich bei guter Planung pünktlich ein.

Beispiel B Nachteile
Der Schüler wird in starke Abhängigkeit vom Lehrer gebracht. Er bleibt unselbständig und ist dem Programm des Lehrers ausgeliefert.

Im Unterrichtsalltag wird eine *gute Mischung der beiden Methoden* zu empfehlen sein. Nur so können die Vorteile der einen die Nachteile der anderen Methode ausgleichen. Oft ist ein Methodenwechsel innerhalb einer Stunde sogar mehrfach notwendig, je nach Lernsituation oder Leistungsniveau der Schüler.
Welcher Weg, welche Methode besser ist, stellt sich meistens erst am Ende des Unterrichts heraus, wenn der Lernerfolg bewertet wird. Dabei erfaßt eine Prüfung nur den äußerlich meßbaren Teil einer Leistung. Deshalb können nur ganz allgemeine Entscheidungshilfen genannt werden, wann welche Methode besser ist:
Wenn neuer Stoff eingeführt wird, gehen die Initiativen in der Regel vom Lehrer aus.
Das Üben von gerade gelernten Fertigkeiten und Handlungen kann über eine Aufgabe, die Spielraum gewährt, einer Gruppe, aber auch einzelnen zur selbständigen Arbeit übertragen werden.
Solche Regeln verbannen die schülerzentrierte Methode nicht aus dem Unterricht der Grundschule. Wo gelernt wird, muß auch wiederholt und geübt werden. Dazu aber ist die Mitarbeit des Schülers sinnvoll und notwendig.

Lehrerverhalten

Nutzt der Lehrer die unterschiedlichen Möglichkeiten der Methoden aus, so muß er sein Auftreten, seinen Standort und seine Sprache anpassen.
Entsprechend der gewählten Methode wird der Lehrer sein Verhalten dem Schüler gegenüber im Unterricht flexibel einrichten.
Durch Gegenüberstellung in extremen Polen soll klar werden, daß es unsinnig ist, Eigentätigkeit und individuelle Entscheidungen der Schüler zu erwarten (Beispiel A), wenn der Lehrer sich ständig in den Mittelpunkt drängt und mit dem Megaphon Vorschriften macht (Beispiel B).
Der Lehrer paßt sein Verhalten dem Ziel und der Methode an.
Dazu muß er im Beispiel A sich im Hintergrund aufhalten, kameradschaftlich und helfend eingreifen.

	Lehrerverhalten A	**Lehrerverhalten B**
Sprache	freundlich, persönlich, Lautstärke herabgesetzt, zeitweise im Dialekt angepaßt, ermutigend und beruhigend	möglichst dialektfrei, bestimmt und knapp formuliert, Megaphon möglich
Auftreten	kameradschaftlich, demokratisch, unauffällig	vorbildlich, korrekt und bestimmend, autokratisch, straff, distanzierend
Standort	in der Gruppe, im Kreis sitzend, abseits, aber in der Nähe, von der Gruppe unbemerkt	im Mittelpunkt, in Front, auf dem Simulator, deutlich räumlich abgehoben, für alle immer sichtbar

Fehlerkorrektur

Um Fehler zu erkennen, zu analysieren und zu korrigieren, muß der Lehrer eine genaue Vorstellung von der Bewegung haben, die er vermitteln will. Die Unterrichtserfahrung wird ihm zeigen, daß bestimmte Fehler immer wieder auftauchen. Eine Beschreibung solcher *typischen Fehler* kann zwar eigene Unterrichtserfahrung nicht ersetzen, aber möglicherweise das Erkennen der Fehler erleichtern.
Im Teil II sind deshalb Fehlerbilder zu den einzelnen Fertigkeiten der Grundschule abgedruckt. Es werden Ursachen aufgedeckt und Vorschläge für eine wirkungsvolle Korrektur gemacht.
Tauchen in einem komplexen Bewegungsablauf mehrere Fehler auf, so muß der *Hauptfehler* gefunden werden, der ursächlich oder vorrangig zur fehlerhaften Ausführung geführt hat (z.B. »Auffieren« bis zum killenden Segel bei der Halse).
Die Korrektur selbst kann variabel gehalten werden. Präzise Bewegungsanweisungen, wie: »Beide Arme anwinkeln!«, wechseln ab mit optischen Informationen (Bewegung richtig *vormachen*) und taktilen Hilfen (z.B. Veränderung der Winkelstellung der Gelenke durch *Anfassen*).
Dabei kann den taktilen Korrekturen besonders beruhigende Wirkung zukommen.

- Allgemein gilt:
  Informationsarten variieren (akustisch, optisch, taktil)
- Fehlerursachen aufdecken
- bei Fehlerhäufung in komplexen Bewegungsabläufen (z.B. Manövern) Bewegungsteile herauslösen (Hauptfehler suchen), Übungen einfügen
- bei gravierenden Fehlern Bewegungsausführung erleichtern (z.B. kleinere Segel, ruhiges Wasser, langes Schwert, Tandem)
- Fehler von Schülern nur übertrieben nachmachen (Karikatur)
- Überforderung durch zuviele Korrekturen auf einmal vermeiden.

Motivierende Gestaltung des Unterrichts

Der Schüler ist in seiner Einstellung zum Unterricht leicht zu beeinflussen.
Interesse und Engagement des Lehrers für den Einzelnen, spürbarer Lernfortschritt und das Wohlbefinden des Schülers in der Gruppengemeinschaft sind die wichtigsten positiven Einflüsse auf seine Motivation.
Unpünktlichkeit und schematischer Unterricht des Lehrers, Mißerfolge des Schülers und Unruhe in der Gruppe können andererseits positive Grundhaltungen und Erwartungen ins Gegenteil umkehren.
Die hier aufgelisteten Hinweise und Regeln sollen als Denkanstoß dienen, um Ursachen für Unlust und Passivität der Schüler aufzudecken.
Die Beachtung der Kriterien bei Planung und Durchführung des Unterrichts können dafür sorgen, eine ausgeglichene und positive Atmosphäre zu erhalten.

Robby Naish beim Schleudersturz:
Segel überzogen, Mast zum Bug geneigt, Verlust des Gleichgewichts – »Ausheben« und »gekonnter Abgang«

Allgemeine Hinweise und Regeln für Planung und Durchführung des Unterrichts und für die Erhaltung der Motivation:

- klare Information zum Programm
- Einhaltung des Programms nach Zeitplan
- abwechslungsreicher Unterricht: Methodenwechsel
- Beachtung methodischer Prinzipien: vom Leichten zum Schweren, vom Bekannten zum Unbekannten, vom Einfachen zum Komplexen
- Berücksichtigung von Schülerinteressen
- individuelle Aufgabenstellung, je nach Lernschritt und Lernerfolg, mit einbauen
- Vermittlung von Erfolgserlebnissen
- Förderung der Gemeinschaft durch Freizeitangebot
- Spiel- und Wettkampfformen mit und ohne Windsurfen
- Beachtung der einzelnen in der Gruppe, Namen kennen, jeden einzeln korrigieren
- Loben von Lernerfolgen
- Korrekte Prüfungsbedingungen und korrekte Durchführung der Prüfungen. Offenlegen von Prüfungskriterien, gerechte, unvoreingenommene Beurteilung

Unterrichtsvorbereitung

Die Unterrichtsvorbereitung läuft eigentlich immer nach demselben Schema ab. Nach dem Kennenlernen und Einschätzen der Schüler und je nach den allgemeinen äußeren Gegebenheiten wird das Thema für die folgende Stunde nach den übergeordneten Leitzielen aus dem für die Grundschulung anstehenden Stoff ausgewählt und werden Lernziele und Lernkontrollen festgelegt. Daraus wiederum ergeben sich die methodischen Maßnahmen und Lernhilfen, die Lernschritte und die dazu notwendigen Geräte, die Organisation allgemein.
Anhand des nebenstehenden Fragenkatalogs kann jeder Lehrer selbst überprüfen, ob er bei der Planung an alles gedacht hat.

Checkliste

1. Allgemeine Unterrichtsvoraussetzungen und situative Faktoren

a) Mit welchen Schülern habe ich es zu tun?

b) Was kann sich bei den äußeren Einflüssen zur geplanten Unterrichtszeit alles ändern, und was bleibt konstant?

2. Allgemeine Leitziele für den Unterricht

Welche allgemeinen Leitziele muß ich bei Festlegung der speziellen Lernziele beachten?

3. Stoffauswahl, Thema der Stunde

Was haben die Schüler schon gehabt, was muß nochmals wiederholt werden, was kommt neu hinzu?

Schüler bezüglich Alter, Leistungs- und Entwicklungsstand und Motivation einschätzen

Wetter, Temperatur, Wasserstand, Wind etc. einschätzen
Zusammensetzung der Gruppe, Revierbedingungen, Schulungsmaterial (Bretter, Lernhilfen, Sicherheitsboot etc.) berücksichtigen

Freude erhalten oder vermitteln,
Sicherheits- und Umweltbewußtsein entwickeln,
an Rücksicht und Hilfsbereitschaft gewöhnen,
Angst überwinden,
Fertigkeiten lernen,
körperliche Voraussetzungen verbessern,
Kenntnisse vermitteln

Stoff aus den 5 nach Sachzusammenhang geordneten Blöcken auswählen oder die Reihenfolge der Lerneinheiten beachten und ordnen nach Prinzipien wie: »vom Leichten zum Schweren« etc.

4. Lernziele

Was soll der Schüler am Ende der Lerneinheit können, und wie kann man das Gelernte überprüfen?

Lernziele präzise festlegen, dabei allgemeine Leitziele beachten
z.B. Lernziele zum Thema »Steuern«:
Der Schüler soll das Steuern am Simulator nochmals sehen und auf dem Wasser um eine Bojenkette ausführen können
Der Schüler soll wissen, wie die Brettdrehung einzuleiten ist, und warum mit einer Verschiebung des Riggs nach Luv das Drehmoment am günstigsten wird
Der Schüler soll sich beim Steuern auf dem Wasser in Tempo und Fahrtrichtung an einen Partner anpassen können
Lernkontrollen z.B.:
durch eine Bojenkette fahren lassen im Slalom, die quer zum Wind ausgelegt ist
Drehmoment erklären lassen
partnerweise vorfahren lassen

5. Methoden

Mit welchen Methoden können die Lernziele am besten erreicht werden

Weg vorgeben oder selbständig arbeiten lassen. Methodenwechsel einplanen. Lehrerverhalten abstimmen. Mögliche Ausführungs- und Verhaltensfehler einkalkulieren, Übungsformen überlegen

6. Lernschritte	
Was kommt zuerst, und was folgt nacheinander?	Lernschritte in Größe und Reihenfolge festlegen. Bewegungsanweisungen und -aufgaben formulieren. Lernschritte begründen
7. Organisation	
Was wird an Materialien und Lehrmitteln gebraucht? Ist alles zur Hand, oder muß noch etwas angefertigt oder bereitgestellt werden?	Segelgröße auswählen und Segel aufziehen, Kinderriggs aufriggen, Bojen auslegen, Schlauchboot aufpumpen, tanken, Megaphon, Tafel, Medien etc. auf Funktionsfähigkeit überprüfen, Unterrichtszeiten anschreiben etc.

Daß ein nach dieser Checkliste vorbereiteter Unterricht trotzdem nicht nach Plan ablaufen muß, hat die Erfahrung immer wieder gezeigt. Zu viele unbekannte und variable Einflüsse können zum Umdisponieren zwingen.
So ist es durchaus möglich, daß ein am Vorabend gefaßter Plan am nächsten Morgen mit dem ersten Blick aus dem Fenster in den Papierkorb wandert. *Ein blindes Festhalten an dem alten Plan wäre ebenso schlimm wie überhaupt keine Vorbereitung.* Ein solcher Unterricht kann nur rein zufällig zum Ziel führen.
Auch für erfahrene Lehrer, »alte Hasen«, kann die Checkliste noch eine Bedeutung haben.
Allzuschnell gerät der eigene Unterricht in eingefahrenes Schema. Man hat keine Freude mehr bei der Arbeit, man wird zum »Schauspieler der guten Laune«. Schüler haben ein feines Gespür dafür. Die Checkliste kann dann helfen, die Ursachen aufzudecken. Verschiedene Wege führen nach Athen, verschiedene Methoden führen zum Ziel! »Ich mach das immer so: ...« kann es deshalb gar nicht geben.

Gruppengröße

Wieviele Schüler in eine Gruppe aufgenommen werden können, hängt hauptsächlich vom Leistungsstand und vom Leistungsgefälle innerhalb der Gruppe ab.
Bei leistungsgleichen (leistungshomogenen) Gruppen (z. B. alle Schüler sind Anfänger oder alle Schüler fallen bei 3 Beaufort nicht mehr ins Wasser) wird ein Lehrer 5–6 Schüler gleichzeitig betreuen können.
Größere Gruppen verlängern die Wartezeiten am Simulator bis zur individuellen Einzelkorrektur erheblich. Ein 2. Simulator und die Aufteilung der Gruppe erleichtern dann die Arbeit. Selbständiges Üben und intensive Einzelbetreuung wechseln durch Ausnutzung eines 2. Simulators sinnvoll miteinander ab. Dabei muß der Lehrer aber beide Simulatoren im Auge behalten, damit keine Fehler eingeübt werden und die Sicherheit gewährleistet bleibt.
Ist das Leistungsgefälle in einer Gruppe zu groß, kann die Anzahl reduziert oder die große Gruppe nach Leistung differenziert werden.
Kindergruppen beanspruchen den Lehrer wesentlich anders, oft mehr als Erwachsene. Der Surflehrer wird zum Vater, Erzieher, Freund und Lehrer, eine Surflehrerin zur Mutter, zur Erzieherin, Freundin und Lehrerin in einer Person. Mehr als 6 Kinder machen eine altersgerechte Betreuung nahezu unmöglich.

Lehr- und Lernhilfen

Praxishilfen

Simulator

Ein Simulator gehört seit langem zur Standardausrüstung einer VDWS-Schule. Er hat sich in der Grundausbildung besonders aus folgenden Gründen bewährt:

1. Der Schüler lernt die ersten Grundlagen ohne die Angst vor dem »Reinfallen« als lästigen Störfaktor.
2. Der Lehrer kann in unmittelbarer Nähe und sofort eingreifen, kann informieren, loben und korrigieren.
3. Der Lehrer kann taktile und technische Hilfen geben. Er kann beruhigend auf den Schüler einwirken oder ihm die Bewegungsausführung erleichtern.
4. Bewegungsvorstellungen werden unter vereinfachten Lernvoraussetzungen (keine Gleichgewichtsprobleme) auf dem Simulator entwickelt und gefestigt.

Hinweis:

Der Simulator wird so aufgestellt und das Brett so befestigt, daß er nicht kippt (für Wende bzw. Halse u.U. nach vorn/hinten verschieben!). Für die meisten Brett-Typen kann gelten, daß die Drehachse des Simulators in der vorderen Kante des Schwertkastens gerade noch sichtbar ist.

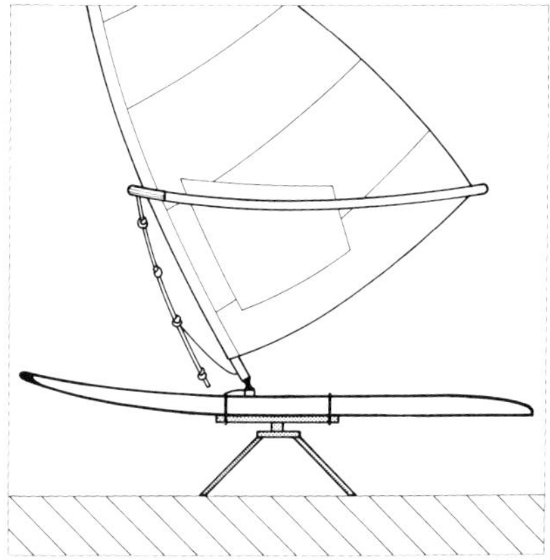

Merke:

- Die Schnallen oder Spannvorrichtungen von Befestigungsgurten gehören unter das Brett (Verletzungsgefahr!)
- Fallweite des Riggs und Drehbereich des Brettes bei Platzierung der Gruppe beachten!
- Standort des Lehrers in »Bereitschafts-Stellung«
- Bei Verwendung von mehreren Simulatoren Übersicht bewahren (Fehler/Sicherheit!)

Schulungsbojen

Schulungsbojen werden möglichst etwas abseits vom Hauptbetrieb, aber noch gut erreichbar verankert. Der Abstand muß so ausgemessen werden, daß die Schüler – mit der Boje durch ca. 10 m Leine verbunden – sich nicht gegenseitig behindern oder gefährden (Fallweite des Riggs berücksichtigen!).

Die Leinen werden nach Möglichkeit von unten durch den Schwertkasten geführt und am Mastfuß oder am Schwertbändsel mit Palstek verbunden (auch ein flaches Holzbrettchen kann das Durchrutschen durch den Schwertkasten verhindern) oder einfach von oben an denselben Stellen mit dem Brett verknotet. Ein Karabinerhaken erleichtert die Befestigung an der Boje. Der Mastfuß muß gut festsitzen.

Schulungsreviere mit felsiger Küste und oft ablandigem Wind können ohne Schulungsbojen nicht optimal arbeiten. Die Schüler können ihre Bretter in Rufweite anbinden, werden nicht abgetrieben und sind jederzeit vom Lehrer für individuelle Betreuung erreichbar.

Falls das Verankern von Bojen verboten (Behörden!) oder nicht möglich ist (Wasser zu tief/Tidegewäs-

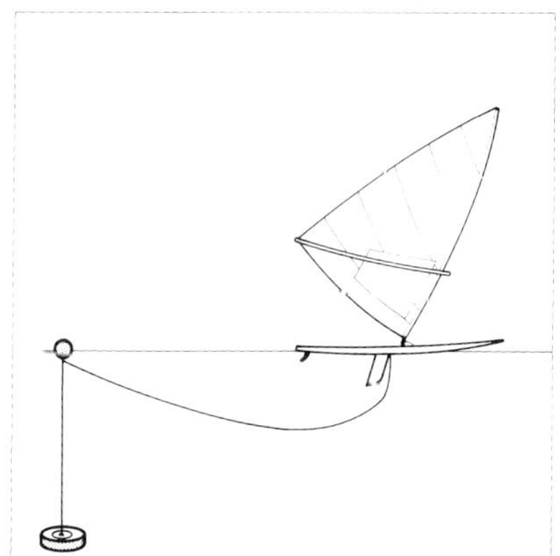

ser), müssen für die Schulung zusätzliche Sicherheitsmaßnahmen vorbereitet werden. *Auf größeren Gewässern oder am Meer wird dann ein Motorboot unersetzbar.*

Tandem

Die Bedeutung des Tandems ist im Anfängerunterricht – besonders für schwache und ängstliche Schüler – unbestritten. Aber die Arbeit ist sehr aufwendig und nicht gerade ökonomisch. Denn maximal 2 Schüler können gleichzeitig betreut werden.

Folgende Arbeitsweisen haben sich im Unterricht bei der Verwendung eines Tandems bewährt (ein Rigg in der mittleren Mastspur):

Der Lehrer demonstriert, der Schüler sitzt auf Bug oder Heck.

Der Lehrer steht in Lee und unterstützt den Schüler bei der Riggführung und beim Halten des Riggs.

Der Lehrer steht in Bereitschaft in Lee vom Rigg oder hinter dem Schüler und setzt sich schließlich auf Bug oder Heck: Der Schüler fährt allein.

Für Fortgeschrittene bietet das Tandem immer Abwechslung und hat für die Gewöhnung an partnerschaftliches Verhalten und gegenseitige Rücksichtnahme hohen Wert. Zu beachten ist, daß nach Möglichkeit bei Fahrten mit dem Tandem Schutzhelme getragen werden.

Unterrichtshilfen für den Theorieunterricht

Wandtafel (Kreide), Magnettafel, Tageslichtschreiber

Magnetmodelle und -bojen,

Verschiedene Symbole und Zeichen

Schablonen zum Zeichnen

Folien

Dias, Bildreihen, Lehrfilme, Plakate, Schautafeln

Die genannten Lehrmittel wurden vom VDWS zusammengestellt, um die Arbeit mit dem Lehrplan zu unterstützen. Die Benutzung solcher Hilfen im Unterricht ist für die Anschaulichkeit und das Verständnis der theoretischen Probleme von großer Bedeutung.

Video

Trotz des großen zeitlichen Aufwands, der mit dem Einsatz von Videorecordern zum Bewegungslernen verbunden ist, lohnt sich für eine größere Schule die Anschaffung. Die Kamera hält gute Leistungen und Fehler fest, so daß sich der Schüler einmal selbst sehen und sich von der Richtigkeit seiner Bewegungsausführung überzeugen kann. Zur Fehlerkorrektur wird das Videogerät vorrangig im Fortgeschrittenenbereich und im Leistungstraining herangezogen.

Optimal ausgenutzt wird das kostspielige Gerät aber nur, wenn es an geschützter Stelle immer einsatzbereit am Strand steht.

Schulungsheft und Lehrplan

Das *Schulungsheft* begleitet die praktische und theoretische Ausbildung. Es gibt Anregungen zur schriftlichen Auseinandersetzung mit dem Unterrichtsstoff. Der Schüler kann die Fachbegriffe in ein Kreuzworträtsel eintragen, Bewegungsbeschreibungen in die richtige Reihenfolge schütteln, die Teile des Surfbretts den leeren Antwortkästchen zuordnen und das Sicherheitsrätsel lösen. Da in den Fragebögen für die Theorieprüfung zum Grundschein ähnliche Aufgabenstellungen enthalten sind, dienen solche Beschäftigungen mit den Arbeitskarten im Schulungsheft auch zur Prüfungsvorbereitung.

Kleinere Segel, kippstabile Bretter, kurze Gabelbäume etc. zählen auch zu den Lernhilfen, gleichzeitig zur Standardausrüstung einer Surfschule. Sie werden im folgenden Kapitel besprochen.

Ausrüstung einer Windsurfschule

Bretter

In der Schulung haben sich Surfbretter aus Thermoplast-Baustoffen wie PE oder ABS bestens bewährt. Die Außenhaut ist robust und nicht reparaturanfällig. Von den Fahreigenschaften her sollten die Schulbretter möglichst kippstabil sein. Klappschwert, griffige Standfläche und Mastfuß mit einstellbarem Auslösemoment sind selbstverständliche Voraussetzungen für ein Schulbrett.
Heute werden von allen lizenzierten Herstellern derartige Bretter angeboten, die auch den hohen Belastungen im Schulbetrieb gewachsen sind.
In der Saison lagern die Surfbretter auf abschließbaren Ständern möglichst in Strandnähe. Außer den Allroundbrettern für die Schulung stehen in den meisten Windsurfschulen auch noch einige Fun-Boards verschiedener Hersteller als Blickfang oder sogar zum Test zur Verfügung.

Klappschwert, Steckschwert, Sturmschwert

Riggs

Für jedes Schulbrett werden für den Unterricht mindestens 2 komplette Riggs mit unterschiedlich großen Segeln (Allround und Medium) und für einen Teil der Bretter auch Kinderriggs gebraucht, damit bei wechselnden Witterungsbedingungen und Gruppenkonstellationen eine Umrüstung schnell erfolgen kann. Gute Kinderriggs sind heute so strapazierfähig, daß sie auch von Erwachsenen verwendet werden können. Durch den kurzen Mast, das kleine Segel und den kurzen Gabelbaum wird das Rigg sehr leicht und die Handhabung sogar bei stärkerem Wind problemlos. Die Vorteile kurzer Gabelbäume für den Schulbetrieb haben einige Hersteller bereits erkannt. Sie liefern im Schulpaket Gabelbäume von 2,30 bzw. 2,40 m Länge und dazu passende Mediumsegel, mit verkürztem Unterliek und ohne Latten.

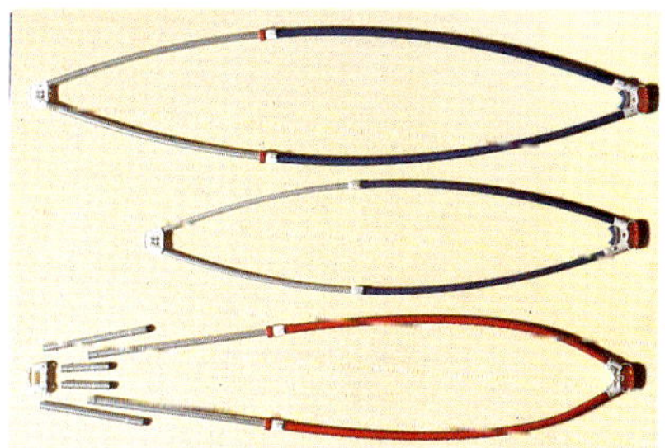

Vario-Gabelbaum, kurzer Gabelbaum (2,40 m), Kindergabelbaum.

Langer Gabelbaum

Kurzer Gabelbaum

Folgende Gründe sprechen für den *verkürzten Gabelbaum:*

Balanceschwierigkeiten in der *Grundstellung* werden reduziert. Die Arme können weiter gestreckt werden, ohne daß das Gabelbaumende eintaucht. Ausgleichsmöglichkeiten der Arme sind erweitert.

Beim *Segelaufholen* fließt das Wasser nach dem Strecken der Beine wegen der geringeren Breite des Segels besser ab. Die Belastungen der Wirbelsäule werden verringert.

Der *Segeldruckpunkt* liegt weiter *vorn* am Mast und verschiebt sich durch die geringere Breite des Segels weniger nach hinten zum Achterliek als in einem breiteren Segel bei normalem Gabelbaum. Das Brett luvt nicht mehr so leicht ungewollt an.

Die *Steuerbewegungen* werden erleichtert, weil ein derartiges Rigg insgesamt leichter zu handhaben ist. Zum Anluven ist bei der Leeneigung des Riggs reichlich Platz für das Gabelbaumende über dem Wasser, so daß die Steuerbewegung mit dem Rigg deutlich ausgeführt werden kann, ohne daß das Gabelbaumende eintaucht.

Die Riggs können tagsüber aufgeriggt bleiben. Findige Surflehrer haben Riggständer entwickelt, in denen die Masten eingehängt oder eingesteckt werden, wo sie vor Sonne und Wind geschützt und trotzdem schnell wieder einsatzbereit sind.

Müssen Segel gewechselt und gelagert werden, dann ist es wichtig, daß sie vor dem Zusammenlegen mit Süßwasser gereinigt und getrocknet sind.

Segelmacher geben deshalb ihren Kunden den Rat:

Schütze das Segel vor den drei großen S S S:

Sonne, Salz und Sand.

Segel am Achterliek bündig zusammenlegen

Info-Zentrum
Jede Schule soll über eine deutlich markierte Anlaufstelle verfügen, die während der Öffnungszeiten durchgehend besetzt ist. Wenn dies nicht möglich ist – oder ggf. auch zusätzlich – sollten eine große Informationstafel, Wegweiser, Schulschild und Schul- oder Verbandsfahne dem Schüler bei der Orientierung helfen.
Außerhalb der Unterrichtszeiten haben Passanten die Möglichkeit, sich über die nächsten Termine, das Wochenprogramm, die Brettverteilung in der Gruppe, Prüfungstermine, das komplette Kursangebot und die Preise für Schulung und Ausleihe an der Informationstafel zu informieren.

Theorie-Raum
Über einen eigenen Unterrichtsraum können Windsurfschulen nicht immer verfügen. Aber auch abseits gelegene Plätze, separate, möglichst schattige Terrassen oder der Nebenraum einer Gastwirtschaft erfüllen schon den Zweck, wenn sie einen ungestörten Unterricht ermöglichen.

Tafel
Ein guter Theorieunterricht ohne Tafel ist nicht denkbar. Kreide- und Magnettafel können, wenn überhaupt, dann nur durch einen Tageslicht schreiber ersetzt werden. Folien und gute Zeichnungen (mit Schablonen) an einer Magnettafel aber sind ebenso anschaulich und erfüllen denselben Zweck.

Motorboot, Sicherheitsboot
Ein Sicherheitsboot ist in jeder Schule notwendig. Falls nicht regelmäßiger DLRG-Dienst oder Küstenwacht für die Sicherheit sorgen können, muß an der Küste und in größeren Binnenrevieren ein eigenes Motorboot mit Schwimmwesten, Paddel, Pütz, Luftpumpe (bei Schlauchbooten), Signalmitteln, ausreichend Leinen zum Abschleppen, Ersatzteilen (wie Mastfüßen, Tampen) und Erste-Hilfe-Kasten ausgerüstet sein und immer startklar vor Anker, am Steg oder am Strand liegen, wenn geschult wird.
Für den Unterricht auf dem Wasser können auch Paddel- oder Tretboote und Surfbrett mit Paddel eingesetzt werden, falls der Lehrer nicht für die Demonstration sein komplettes Surfbrett benötigt. Die Verständigung wird dann nicht durch Motorengeräusche und Wellenschlag gestört.

Ausrüstung einer Windsurfschule in der Übersicht

Pflicht	Soll	kann zusätzlich
mindestens 5 Schulbretter	mindesten 2 Riggs pro Brett, robuste Schulbretter, Klappschwert	kurze Gabelbäume, Kinderriggs, Tandem
	Brettständer abschließbar	Riggständer abschließbar
mindestens 1 Simulator	Bojenfeld mit 5–10 Bojen	Schulungsstraße mit 8–10 Bojen
Neoprenanzüge	3 verschiedene Größen pro Brett	Trapez, Schwimmwesten
INFO-Zentrum	Große INFO-Tafel mit Öffnungszeiten und Zeitplan/Preistafel	Wegweiser, Schulschild, Schulflagge, VDWS-Flagge
ungestörte »Theorie-Ecke«	Schulungsraum, abgelegener Platz	Nebenraum einer Gaststätte
Tafel	Magnettafel, Folien, Modelle	Dias, Tageslichtschreiber
Schulungsheft	Lehrplan	Video, Filme
Sicherheitsboot einsatzbereit	Motorboot für Schulung oder als Sicherheitsboot ausschließlich	Tretboote, Ruderboote, Segelboote, Brett mit Paddel

Teil II

Block I

Revier- und Unterrichtsorientierung

Zurechtfinden im Gelände mit Hinweisen auf besondere Gefahren

Sicherheit und Gesundheit der Schüler liegen für die Dauer des Unterrichts im Verantwortungsbereich des Lehrers. Viele mögliche Gefahren beim Windsurfen können schon dadurch vermieden oder verringert werden, daß man sie kennt.
Informationen über Strömungen und Untiefen im Schulungsrevier, Badezonen oder Zufahrtmarkierungen für Motorboote und Revierbeschränkungen machen den Schüler auf Sicherheitsprobleme aufmerksam.
Während der Besichtigung des Reviers und durch Diskussion von typischen Revierproblemen mit anschaulichen Beispielen kann das Thema für den Schüler interessant und eindringlich gemacht werden.
Er soll die Informationspflicht nicht nur kennen und für die Prüfung lernen. Der Sinn und die Bedeutung müssen ihm schon beim eigenen Unterricht richtig bewußt werden. Andernfalls bleiben solche Vorschriften hohl und werden außerhalb der Schule schnell vergessen.

Zurechtfinden in den Einrichtungen der Schule und Ordnungsrahmen

Planvoller und effektiver Unterricht sind nur möglich, wenn sich der Schüler in den Einrichtungen der Schule schnell zurechtfindet.
Eine gemeinsame Besichtigung der Einrichtungen der Schule mit Erklärungen zum Ordnungsrahmen, Bekanntgabe der Treffpunkte an Land und später auf dem Wasser erleichtert dem Schüler die Orientierung in der für ihn fremden Situation.
Übergabe- und Lagerungsmodalitäten für Brett, Rigg und Kälteschutzkleidung, die Einhaltung von Vorschriften zur Materialbehandlung und die Haftungsbestimmungen bei Verlust oder Beschädigungen müssen schon vor Unterrichtsbeginn unmißverständlich verabredet sein.
Manchmal hilft ein übertriebenes Negativbeispiel zum Thema: »Geordneter Unterrichtsablauf«, um das Verständnis für Ordnung trotz Freizeit und Urlaub zu wecken.

Übersicht über Ziele und Methoden des Unterrichts

Daß zum Windsurfen-Können mehr als nur »Auf-dem-Brett-stehen-können« gehört, ist in Fachzeitschriften häufig diskutiert worden.
Interessenten, die das Windsurfen im Urlaub lernen wollen, kennen diese Diskussion nur selten.
Tageszeitungen und Illustrierte greifen solche Themen nicht auf, und Sportmagazine werden erst dann gekauft, wenn die neue Sportart schon ernsthaft betrieben wird. Die Erwartungen an den Unterricht im Windsurfen werden sich demgemäß auf das beschränken, was ein Außenstehender mit Windsurfen verbin-

det: »Fahren können, auf-dem-Brett-stehen-können, nicht mehr ins Wasser fallen, wieder zurückkommen!« Selbstverständlich hat der Block *Fertigkeiten,* welcher diese Richtung der Erwartungen weithin abdeckt, in der Windsurfausbildung einen wichtigen Stellenwert. Doch gehört zu dieser Fahrpraxis auch praktisches und theoretisches Verständnis der Bewegungsabläufe. Dadurch wird ein sinnvolles Üben des Schülers auch ohne den Lehrer erst möglich. Um die Erwartungen der Schüler gleich zu Unterrichtsbeginn in die richtigen Bahnen zu lenken, ist es wichtig, ihn über Inhalt und Umfang der Schulung zu informieren. Auch bei methodischen Entscheidungen darf sich der Lehrer über den Rücken schauen lassen. Der Schüler wird dann eher einsehen, warum er zur Mithilfe, Mitverantwortung, Selbständigkeit und Eigeninitiative angeleitet wird, und warum er lernen muß, mit dem Partner oder einer Gruppe zurechtzukommen. Bewegungsaufgaben für einzelne oder eine ganze Gruppe bereiten Situationen aus dem späteren Surfalltag vor.

Gegenseitige Hilfe, das Sehen, wenn jemand Hilfe braucht, das Lernen vom anderen und die Unterstützung des anderen gewöhnen an partnerschaftliches Verhalten schon beim Lernen selbst.

← so?

Dieselben Ereignisse führen später bei der Ausübung des Sports in der Freizeit zu gemeinsamen Erlebnissen.
Der Schüler muß deshalb für den Unterricht über die Bedeutung des Lernens in der Gruppe informiert werden, und der Lehrer wird seine Möglichkeiten ausschöpfen, um den Zusammenhalt und das »Klima« in der Gruppe zu fördern.

Kennenlernen von Lehrer und Schüler

Das gegenseitige Kennen und Einschätzen sind Voraussetzungen für einen Gruppenunterricht. Der Lehrer muß wissen, wie seine Schüler heißen, welche Motive sie mitbringen, wie er sie belasten kann, und welche Eigenarten er tolerieren muß. In gleichem Maße müssen die Schüler sich untereinander kennenlernen. Eine gesellige Runde zu Beginn des Unterrichts bei einem Begrüßungstrunk und Veranstaltungen im Beiprogramm der Schule, wie Filmabende, Regatten, Juxwettkämpfe, Ausflüge, sogar ein interessanter Theorieunterricht, können zur Eigeninitiative einer Gruppe und zum »Funktionieren« einer Gruppe beitragen.

oder so! →

Block II

Materialkunde und Brettgewöhnung

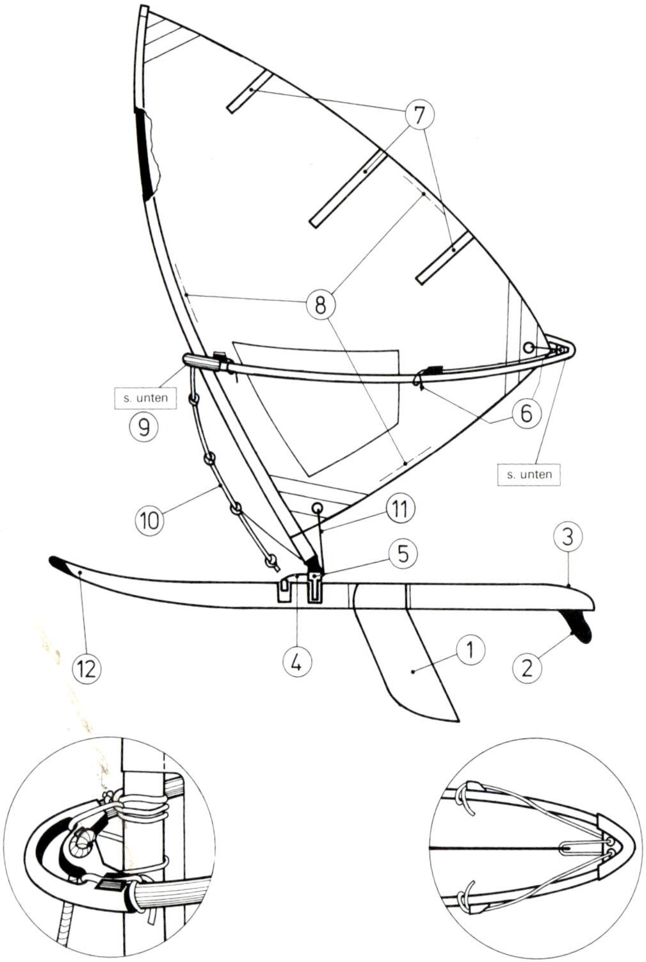

Teile eines Windsurfbrettes
① **Schwert**
② **Finne**
③ **Heck**
④ **Fangleine**
⑤ **Mastfuß**
⑥ **Trimmschot**
⑦ **Segellatten**
⑧ **Vorliek, Achterliek, Unterliek**
⑨ **Masttampen**
⑩ **Startschot**
⑪ **Vorliekstrecker**
⑫ **Bug**

Materialbehandlung

Für schonende und richtige Behandlung von Brett und Rigg kann man sich an den folgenden Stichpunkten orientieren:

- Keine ausgefransten Tampen verwenden!
- Bleibt das Segel nach Gebrauch aufgeriggt, unbedingt Trimmschot auf einer Seite lösen, Knoten aufmachen und aus der Klemme ziehen! Vorliekstrecker lösen!
- Rigg nicht am Ufer liegen lassen! Es scheuert in der kleinsten Welle kaputt, wo es am Strand aufliegt.
- Am Ufer nach der Landung Platz machen für andere Surfer oder Badegäste und Brett auf die Standfläche legen!
- Brett möglichst nicht in der Sonne liegen lassen (oder nur hochkant)!
- Bei der Landung vor Grundberührung Schwert abklappen, herausziehen oder absteigen!
- Niemals mit einem Loch im Brett auf's Wasser gehen! Mindestens mit Klebeband das Eindringen von Wasser verhindern! Klebeband gehört zur Notausrüstung.
- Segel niemals naß falten! Nach Möglichkeit sofort nach Gebrauch auswaschen (Salzwasser). Für kurzen Transport um den Mast wickeln.
- Segel nach dem Trocknen am Achterliek bündig im S-Schlag falten. Die Querfalten sollen nicht im Fenster liegen.

Knoten und ihre Funktion

Achtknoten
Sicherung am Ende jeder Schot, um das Ausrauschen aus einer Klemme zu verhindern.

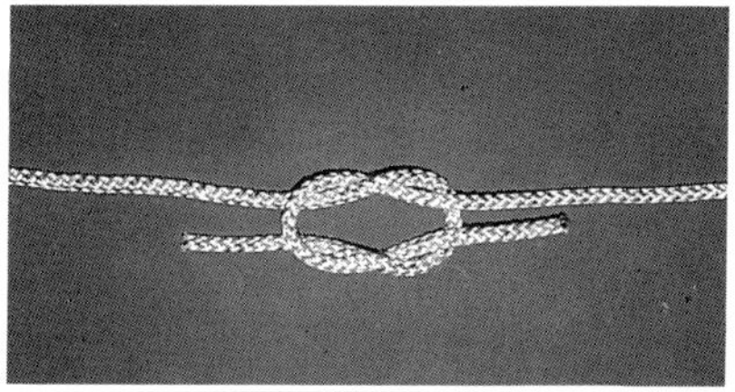

Kreuzknoten
Knoten, der zwei gleich dicke Tampen miteinander verbindet.

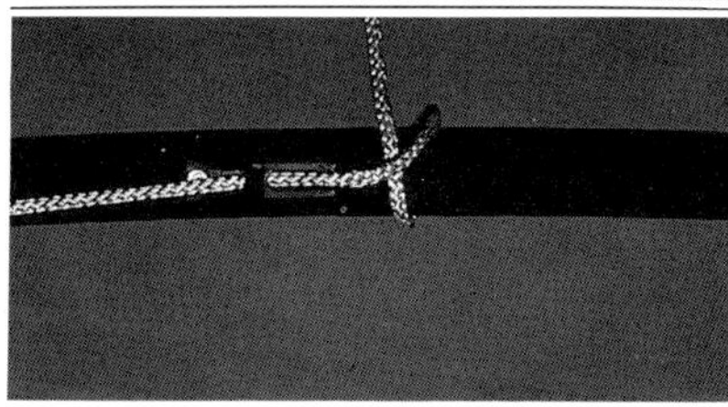

Halber Schlag
Sicherungsknoten, um das Lösen eines Tampens aus einer Klemme zu verhindern.

Stopperstek
Befestigung des Masttampens am Mast verhindert das Abrutschen des Gabelbaums.

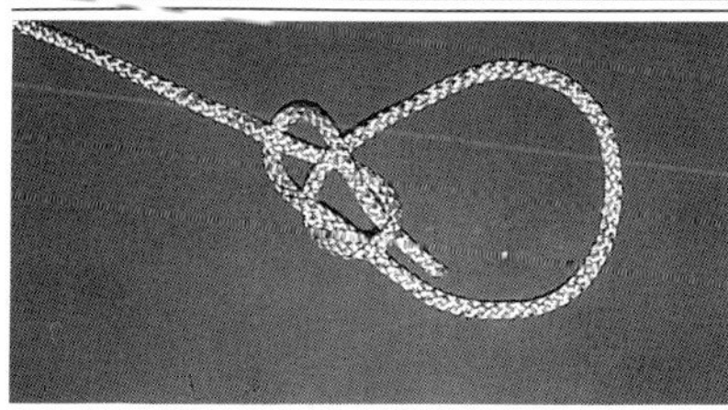

Palstek
Rettungsknoten (die Schlinge zieht sich nicht zu), geeignet zur Befestigung einer Leine in der Abschleppöse, oder statt Achtknoten an den Enden der Trimmschot, um das Trimmen zu erleichtern.

Aufriggen

Hinweise zum Aufriggen

Alle Tampen und Schoten müssen an der Belegklemme mit halbem Schlag und ggf. Achtknoten gesichert werden
Der Gabelbaum wird *über* schulterhoch (Gesichtshöhe) am Mast befestigt.
Dadurch werden die Druckbelastungen auf die Wirbelsäule in der Fahrstellung geringer und die Hebelverhältnisse beim Segelaufholen günstiger. – Die Mast-Gabelbaumverbindungen sind bei den Riggherstellern sehr unterschiedlich. Es lassen sich deshalb keine allgemeingültigen Aufbauanleitungen festlegen. Der Masttampen mit dem Stopperstek am Mast wird deshalb Bedeutung behalten, auch wenn seit einigen Jahren mechanische Verbindungen erprobt werden. Auf festen Sitz, d. h. enges Anliegen des Mastes in den Gabelbaumbacken, ist unbedingt zu achten.
Die Latten haben in der Regel ein scharfes, ausgebuchtetes und ein abgerundetes Ende.
Die Seite mit der Ausbuchtung wird ins Segel geschoben und am Ende der Lattentasche ins Spanngummi eingehängt, die andere Seite der Latte klemmt im Saum des Achterlieks.

Mast in Mast-Tasche

Mastfuß in Mast und mit Vorliekstrecker befestigen und sichern

Latten in Lattentasche

Gabelbaumhöhe messen

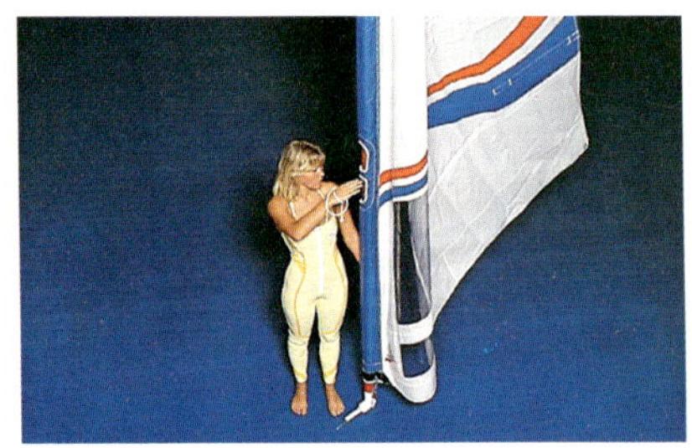

Masttampen befestigen (Stopperstek)

Mast-Gabelbaumverbindung herstellen

Trimmschot in Belegklemme sichern und vom Gabelbaumende über Schothorn in andere Klemme führen

Trimmen

Bergungsfähiges Zusammenlegen des Riggs

Hinweise zum bergungsfähigen Zusammenlegen des Riggs

- Das Segel wird vom Unterliek aufgerollt, damit die Latten im Segel bleiben können. Die mittlere und längste Latte läßt sich so gerade noch einwickeln, während die oberste kurze wegstehen muß. Das Herausziehen der Latten kostet im Notfall zuviel Zeit. Meistens gehen sie dabei auch verloren.
- Der Gabelbaum klappt automatisch beim Aufrollen des Segels vom Unterliek her zum Mast-Top und liegt zum Verzurren bereit, wenn das Aufrollen beendet ist.
- Vorsicht bei mechanischen Mast-Gabelbaumverbindungen, z.B. Akutec Hifly. Hier muß die Verbindung nach dem Lösen der Trimmschot erst gelöst werden. Das Klappen zum Mast-Top ist sonst nicht möglich. Damit der Gabelbaum nicht verloren geht, muß er in solchen Fällen schnell mit dem Mast verknotet werden.
- Das Knien auf dem Brett beim Abriggen auf dem Wasser – wie hier auf den Abbildungen gezeigt – ist aus Balancegründen schwierig. Im »Damensitz« auf der Brettmitte – beide Beine auf derselben Seite im Wasser – läßt sich bei unruhiger See besser hantieren.

Vor dem Start im freien Wasser – also in der Regel nach der Bojenschulung – lernt der Schüler das Verhalten in Notsituationen. Neben der Kenntnis allgemeiner Regeln muß er in der Lage sein, auf dem Wasser – sitzend oder kniend auf dem Brett – sein Segel abzuriggen und so zu verzurren, daß Abschleppen und Zurückpaddeln in Bauchlage möglich ist.
Folgende Technik hat sich für das Abriggen auf dem Wasser bewährt:

Mastfuß herausziehen

Trimmschot lösen

Segel vom Unterliek zum Mast hin fest aufrollen

Mit der Trimmschot zuerst das Segel am Mast, dann den Mast mit dem hochgeklappten Gabelbaum fest verzurren

Mit der Startschot
unteren Teil des Segels
fest um den Mast wickeln

Mastfuß wieder einstecken oder Rigg mit Mastfuß nach vorn auf's Brett legen (Vgl. Block: Sicherheit – Abschleppen)

Rigg mit Mastfuß nach vorn auf's Brett gelegt

Rigg mit Mastfuß eingesteckt auf's Brett gelegt

Autotransport

Das Foto zeigt ein vorschriftsmäßig auf dem Autodach verpacktes Surfbrett.

Hier Gesetzliches und Selbstverständliches zum Transport in der Übersicht:

- Zulässige Dachlast beim Fahrzeughersteller (Händler) erfragen.
- Träger auf zulässige Traglast prüfen (Vor Kauf des Trägers!), Mindesttragfähigkeit: 50 kg (für max. 2 Bretter).
- Träger auf festen Sitz am Fahrzeug überprüfen. Verschraubungen nachziehen.
- Brett mit Standfläche nach unten und Bug nach vorn auflegen. Mastfußaussparung etwa mitten zwischen den beiden Trägern.
- Gabelbaum auf- oder unterlegen. Brett und Gabelbaum mit Spanngurten auf Träger befestigen, Spanngurte sichern (halber Schlag).

- Mast in Halterung befestigen. Mast darf vorn am Auto nicht überstehen.
  Wenn der Mast hinten mehr als ein 1 m über die Stoßstange hinausragt, muß er tagsüber mit einer roten Fahne, nachts mit einer roten Lampe gekennzeichnet bzw. beleuchtet werden.
- Diebstahlsicherung anlegen.
- Beim Verspannen auf dem Träger nicht übertreiben! Manche Gurte verführen durch ihre großen Spannhebel dazu. Besser nur soviel wie nötig anziehen und nach kurzer Fahrt nochmals überprüfen und ggfs. nachspannen – wichtig bei Regen wegen Dehnung der Gurte.
- Bewegliche Teile wie Mastfuß und Finnen sicherheitshalber (Diebstahl, Verlust bei Fahrt) ins Wageninnere packen.

Tragen von Rigg und Brett

Rigg

Das Segel wirkt beim richtigen Tragen des Riggs wie eine Flugzeugtragfläche und kann so viel Auftrieb entwickeln, daß es – richtig über Kopf gehalten – ganz leicht wird.
Hebt man den Mastfuß gegen den Wind über Kopf hoch an, dann greift der Wind unter das Segel, und es richtet sich genauso aus, wie es getragen werden will.
Die eine Hand greift an den Mast oberhalb (Richtung Mastspitze) vom Gabelbaum, die andere vor der Mitte vom Gabelbaum.
Das Segel, etwas nach oben zum Wind angestellt, füllt sich mit Wind und wird jetzt *gegen den Wind* getragen.

Muß das Rigg in Windrichtung (mit dem Wind) zum Wasser oder zum Lagerplatz getragen werden, empfiehlt es sich, das Rigg mit hochgeklapptem Gabelbaum zusammengerafft unter den Arm zu klemmen.

Brett

Beim Tragen des Brettes zeigt die Standfläche zum Körper, die eine Hand greift von der Gleitfläche in den Schwertkasten, die andere von vorn in die Mastfußaussparung. Die Arme bleiben lang, der Rücken möglichst gerade.
Bei starkem Wind wird man schnell herausfinden, daß Bug oder Heck genau in Windrichtung zeigen müssen, oder daß es angenehmer ist, das Brett zu zweit zu tragen.

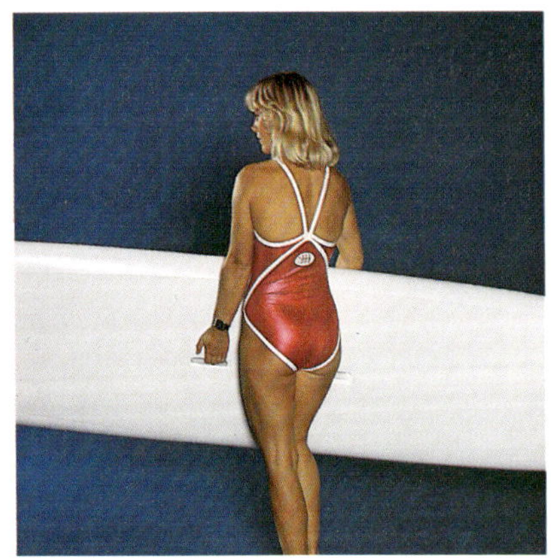

Spiel- und Übungsformen zur Brettgewöhnung mit und ohne Rigg

Die Balancierfähigkeit ist eine entscheidende Voraussetzung für das Windsurfen-Lernen.
Heute wird allerdings davon ausgegangen, daß sie in hohem Grade anlagebedingt ist und vor allem durch an sie gekoppelte koordinative Fähigkeiten wie Kraft, Ausdauer, Beweglichkeit und Geschicklichkeit trainiert werden kann. Außerdem versperren allgemeine Ängstlichkeit, Wasserscheu, Angst vor dem Tauchen (Kopf unter Wasser), Angst vor Blamage und Streßverkrampfungen den Zugriff zu den anlagebedingten Balancevoraussetzungen.
Spiel- und Übungsformen ohne Rigg zielen zu Unterrichtsbeginn deshalb weniger auf Verbesserung der Balancierfähigkeit als auf allgemeine Motivation, Lösen von Hemmungen, Angst und Verkrampfungen, zum Kennenlernen der Schüler untereinander und zum lustbetonten Auftakt des Unterrichts.

Um diese Ziele zu erreichen, sind folgende äußere Bedingungen von großer Bedeutung:
warme Luft- und Wassertemperaturen, ausreichend Kälteschutzkleidung (Neopren und Schuhe)
ungestörter Bereich im Schulungsrevier
Befestigungsbojen bei stärkerem Wind
kein nachfolgender Unterricht

Ist es zu kalt und/oder soll der Unterricht anschließend fortgesetzt werden, können die meisten motivierenden Spielformen entfallen. Folgende Übungsformen sollten aber aus Sicherheitsgründen durchgeführt werden, da sie auf typische Gefahrensituationen vorbereiten:

Brett ohne Rigg

- Paddeln in der Bauchlage mit den Händen
- Paddeln kniend mit dem Schwert
- (evtl. unter dem Brett quer/längs durchtauchen)

Brett mit Rigg

- Zum Heck schwimmen und Brett am Heck um die Längsachse um- und wieder zurückdrehen
- (evtl. unter dem Segel durchtauchen)

Die nachfolgenden Spiel- und Übungsformen können bei geeigneten Revier- und Wetterbedingungen beliebig abgewandelt und ausgedehnt werden:

Wer kann auf dem Brett (mit und ohne Schwert)

- stehen
- vor- und zurückgehen
- eine halbe Körperdrehung, eine ganze Drehung ausführen
- auf einem Bein stehen
- eine Standwaage
- hochspringen
- Kopfstand
- zu zweit auf einem Brett paddeln
- zu zweit knien
- zu zweit stehen
- Platzwechsel
- Bilderrätsel (Posen, Standbilder)

Block III

Sicherheit und Umwelt

Wie jeder andere Verkehrsteilnehmer auf Wasserflächen unterliegt auch der Surfer besonderen Gesetzen und Verhaltensregeln. Nicht von ungefähr kommt der schlechte Ruf der Surfer unter den übrigen Wassersportlern. Die rasante Entwicklung des Surfsports zum Breitensport und die häufig anzutreffende Selbstschulung nach System »Versuch und Irrtum«, unter Mißachtung sämtlicher Regeln des Wassersports, machte die Surfer in den Augen anderer Wassersportler zu den »Chaoten der sieben Meere«. Fachgerechte Schulung der Surf-Fans zu verantwortungsbewußten Verkehrsteilnehmern fehlte vielerorts, so daß sich Staat oder Gemeinden manchmal nicht anders zu helfen wußten, als generelle Surfverbote auf ihren Gewässern auszusprechen. Forderungen nach einem speziellen Surf-Führerschein wurden laut und sind wohl auch berechtigt.
Diesen ruinierten Ruf wieder aufzubessern, muß unser aller Aufgabe sein, um unseren Sport innerhalb einer großen Wassersport-Gemeinschaft auch weiterhin ausüben zu können. Verantwortungsgefühl, Rücksichtnahme und Toleranz sollten die Grundgedanken des Surfsports sein.

Allgemeine Verhaltensregeln

Folgende allgemeine Verhaltensregeln sind für alle Wassersportler bindend.

- Jeder Verkehrsteilnehmer hat sich so zu verhalten, daß die Sicherheit und Leichtigkeit des Verkehrs gewährleistet ist, und daß kein anderer geschädigt, gefährdet oder mehr als nach den Umständen vermeidbar behindert oder belästigt wird. Dabei sind die Vorsichtsmaßnahmen zu beachten, die Seemannsbrauch oder besondere Umstände des Falles erfordern.
- Jeder ist verpflichtet, Leben zu schützen und zu retten, soweit es ihm möglich ist, ohne sein eigenes Leben zu gefährden.
- Jeder ist verpflichtet, *Hilfe zu leisten,* wenn es in seiner Macht steht, oder zumindest Hilfe zu holen, wenn eine Hilfeleistung nur unter Gefährdung des eigenen Lebens möglich ist.
- Jeder ist verpflichtet, sich über besondere Gesetze, Regeln, Beschränkungen, Revierbesonderheiten, Gefahren und Wetter zu *informieren.*
- Jeder ist verpflichtet, sich vor dem Start *abzumelden,* damit zumindest eine Person über Fahrziel, voraussichtliche Ankunft oder Rückkehr informiert ist. Eventuell nötig werdende Rettungsmaßnahmen können so rechtzeitig eingeleitet werden.

Nachweislich unterlassene Hilfeleistung ist strafbar, eine Mißachtung der Informationspflicht wird nach dem Gesetz als grobe Fahrlässigkeit ausgelegt.

> Es ist klug, seine Kraft und sein Fahrkönnen richtig einzuschätzen: Öfter wenig ist besser als einmal zuviel! Der Könner beachtet aufmerksam den Betrieb um sich herum: Der Blick nach vorn, wo man hinwill, ist wichtiger, als der Blick nach dort, wo man herkommt!

Vorfahrtsregeln

Nach gesetzlichen Bestimmungen gilt ein Surfbrett als segelbetriebenes Kleinfahrzeug. Somit ist der Surfer verpflichtet, die entsprechenden Regeln und Gesetze zu kennen und sich nach ihnen zu richten.
Grundsätzlich unterscheidet man die Vorfahrtsregeln in:

a) Wegerecht (Vorfahrt) bei unterschiedlichen Wasserfahrzeugen
b) Wegerecht (Vorfahrt) bei Segelfahrzeugen untereinander.

a) Wegerecht bei unterschiedlichen Wasserfahrzeugen:

- Motorbetriebene Fahrzeuge müssen allen anderen ausweichen.

Achtung, Ausnahme! Fahrzeuge der Berufsschiffahrt haben grundsätzlich Wegerecht. Andere Motorboote, Segler oder Surfer sind verpflichtet, auszuweichen. Surfer sollten größtmöglichen Abstand wahren; auch um sich selbst nicht zu gefährden.

- Muskelbetriebene Fahrzeuge (Tret-, Ruder-, Paddelboote etc.) müssen Segelbooten und Surfern ausweichen.
  Trotzdem sollte man mit dem Surfbrett nie seiner Vorfahrt sicher sein, weil man nicht weiß, ob Paddler, Tretbootfahrer oder Ruderer die Regeln so genau kennen. Außerdem ist es kein Kunststück, mit dem Surfbrett rechtzeitig und geschickt auszuweichen.
- Schwimmer und badende Personen haben auch außerhalb markierter Badezonen immer Vorrang. Auf sie ist grundsätzlich besonders Rücksicht zu nehmen.

Zusätzlich hat der Surfer beim Einhalten des Sicherheitsabstands die Fallweite des Mastes (4,5 m) mit einzukalkulieren um andere Personen nicht zu gefährden. (Anhalten und Notstop siehe Seite 88)

b) Wegerecht bei Segelfahrzeugen untereinander:

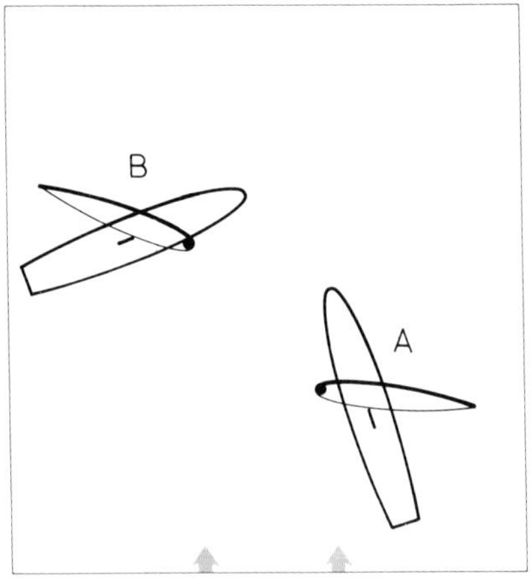

Backbordbug vor Steuerbordbug

Haben zwei Segelfahrzeuge die Segel auf verschiedenen Seiten, so heißt es: sie fahren auf verschiedenem Bug. Segel über der linken Seite = Backbordbug, Segel über der rechten Seite = Steuerbordbug. Wegerecht hat das Fahrzeug mit dem Segel auf der linken Seite (backbord) vor dem Fahrzeug mit dem Segel auf der rechten Seite (steuerbord).

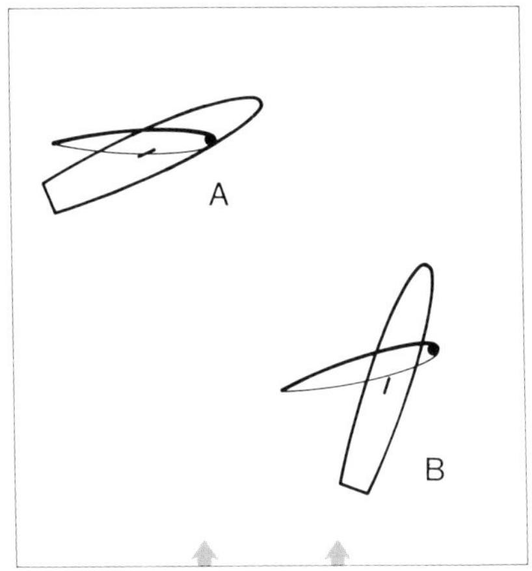

Lee vor Luv

Segeln zwei Fahrzeuge auf gleichem Bug, so gilt folgende Regel: Der Segler oder Surfer in Lee (er fährt höher am Wind) hat Wegerecht vor einem Segelfahrzeug in Luv (es fährt weniger hoch am Wind).

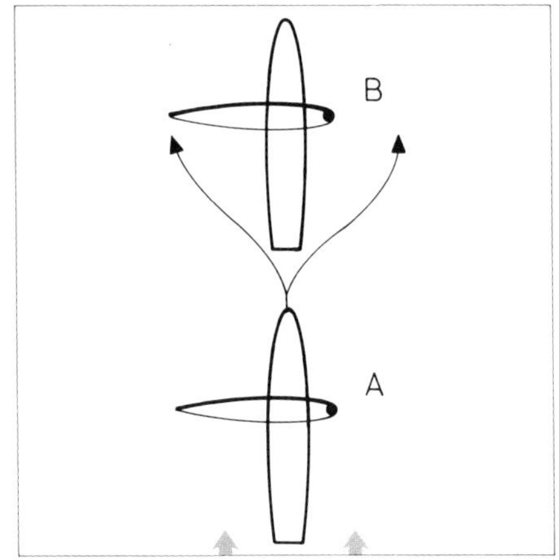

Überholer hält sich frei

Ein Segelfahrzeug, das ein anderes überholt, gleichgültig ob in Luv oder Lee, muß beim Überholmanöver soviel Sicherheitsabstand einhalten, daß es den anderen nicht gefährdet oder behindert (Fallweite des Mastes beachten).

Für ein Fahrzeug mit Wegerecht besteht *Kurshaltepflicht.* Das heißt: ein vorfahrtsberechtigtes Fahrzeug muß seinen Kurs beibehalten, um einem anderen die Möglichkeit zum Ausweichen zu geben. Hat man den Eindruck, daß man von demjenigen, der ausweichen muß, nicht gesehen wird, muß man durch Zuruf auf das Wegerecht aufmerksam machen.

Manöver des letzten Augenblicks:
Merkt der Surfer, daß das andere Fahrzeug auf Zuruf nicht reagiert, so muß er – trotz Wegerecht – ausweichen, um eine Kollision zu verhindern.

Gebot der Fairness:
Das Surfbrett gehört zu den wendigsten und schnellsten Wassersportgeräten überhaupt. Wenden, Halsen und Ausweichmanöver sind einfach und problemlos. Unter diesem Gesichtspunkt wäre es nur fair, z.B. Surf- oder Segelschülern auszuweichen, wenn diese offensichtlich noch Schwierigkeiten mit ihrem Gerät haben und Vorfahrtregeln nicht befolgen können. Ein stures Beharren auf Regeln und Gesetzen in solchen Situationen nützt dem Windsurfsport ebensowenig wie das Nichtkennen und Mißachten dieser Regeln.

Revierbeschränkungen
Nicht jedes Gewässer, sei es noch so gut für das Windsurfen geeignet, ist für diesen Sport zugelassen. Die Genehmigung erteilt die zuständige Gemeinde, Behörde oder der Privateigentümer. Es gehört zu der *Informationspflicht* **jedes einzelnen** Surfers, sich nach eventuell vorhandenen Revierbeschränkungen oder -besonderheiten zu erkundigen. Manche Gefahren eines vermeintlich geeigneten Surfreviers sind oftmals nicht auf Anhieb erkennbar.

Folgende Revierbeschränkungen sind möglich:

Badestrände:
Schwimmer sind besonders gefährdet, da sie vom Surfer leicht übersehen und durch Brett, Schwert, Finne oder Mast schwer verletzt werden können. Deshalb sind sowohl an Küsten als auch an Binnenrevieren die Badezonen durch Bojenketten abgegrenzt. Innerhalb der markierten Zone herrscht absolutes Surfverbot.
Ist die Badezone nicht speziell markiert, kann die zuständige Behörde andere Regelungen zur Sicherheit treffen; z.B. gibt es Badezonen am Strand, die vom Surfer nur paddelnd durchquert werden dürfen.

Naturschutzgebiete
Um die Tier- und Pflanzenwelt zu schützen, können ein Gewässer oder auch Teile eines Gewässers für den Surfsport gesperrt sein. Die Nichtbeachtung solcher Sperrzonen wird mit empfindlichen Geldstrafen geahndet (vgl. Naturschutz und Surfen!).

Häfen und Hafeneinfahrten
Innerhalb von Häfen und Hafeneinfahrten besteht normalerweise Surfverbot, um einen reibungslosen Ablauf der Berufsschiffahrt zu gewährleisten. Der Berufsschiffahrt stehen hier nur engbegrenzte Fahrrinnen zur Verfügung, wo ein Manövrieren oder Ausweichen kaum möglich ist.

Der Surfer haftet für alle Schäden, die bei einem erforderlichen Ausweichmanöver entstehen können. Ausnahmen dieser Revierbeschränkung können nur von der zuständigen Behörde genehmigt werden.

Markierte Wasserstraßen
Innerhalb markierter Wasserstraßen besteht ein Surfverbot, jedoch dürfen Wasserstraßen auf dem kürzestmöglichen Weg, d.h. im rechten Winkel, durchquert werden.

Allgemeine Sperrgebiete
Zusätzliche Revierbeschränkungen können z.B. auch aus militärischen oder privatrechtlichen Gründen auferlegt werden.
Da nicht immer alle derartigen Sperrgebiete deutlich markiert werden, sind vor dem Befahren unbekannter Wasserflächen unbedingt genaue Informationen einzuholen.

Brandung, Strömung
In Revieren mit starker Brandung oder Strömung besteht zwar kein Surfverbot, doch sollte sich jeder Surfer, entsprechend dem eigenen Können, die erforderlichen Beschränkungen selbst auferlegen. Neben der Verletzungsgefahr ist auch der Materialverschleiß enorm. Die Schäden: Mast- und Gabelbaumbrüche bis zu zertrümmerten Boards. Die durch Leichtsinn verursachten Rettungsaktionen der Wasserwacht haben dem Image der Surfsportler sehr geschadet.

Notsignal und Rettungsmittel

Internationales Notsignal

Als Notsignal auf allen Gewässer gilt: Arme aus Schulterhöhe gestreckt heben und senken. Bei Schwimmern und Surfern hat sich inzwischen eingebürgert, die seitlich gestreckten Arme bis über den Kopf anzuheben und zu kreuzen.

In jedem Fall bedeutet es: »Ich brauche dringend Hilfe!« Mit diesem Signal kann der Surfer in echter Notsituation auf sich aufmerksam machen, z. B. bei Verletzungen, Überanstrengung oder Materialdefekt. Jeder, der dieses Notsignal wahrnimmt, ist verpflichtet zu helfen (vgl. Allgemeine Verhaltensregeln).

Hilfsmittel, Ausrüstungsmittel

Vor jedem Start mit dem Surfbrett sollte der Surfer überprüfen, ob er mindestens mit folgenden Hilfsmitteln ausgestattet ist:

- Fangleine (sichere Verbindung von Rigg und Brett)
- Trillerpfeife (bestes akustisches Signalmittel)
- Ersatztampen
- Abschleppöse am Brett (Vorschrift nach DIN)

Zu empfehlen ist für fortgeschrittene Surfer die mit einem Trapezgurt kombinierte Rettungsweste, welche unbedingt »ohnmachtsicher« sein sollte. Auf größeren Gewässern oder auf offenem Meer sind zusätzlich folgende Ausrüstungsmittel zu empfehlen:

Rauchpatronen
Leuchtraketen
Handfackeln
Farbbeutel.

Solche Signalmittel sind speziell für den Surfsport gedacht und auf dem Markt erhältlich. Sie sind wasserdicht verpackt und somit problemlos z. B im Trapezrucksack oder auch am Bein festgeschnallt mitzuführen.

Mittlerweile gibt es sogar kleine Notsegel, mit denen man bei plötzlich auftretendem Sturm das Ufer noch sicher erreichen kann.

Verhalten in Notsituationen

In einer Notsituation gelten folgende Grundregeln:

- *Niemals das Brett verlassen!* Das Brett ist eine unsinkbare Rettungsinsel. Die Unterkühlungsgefahr ist auf dem Brett geringer als im Wasser. Auf dem Brett knieend wird der Surfer besser gesehen.
- Abriggen, und mit Hilfe von Händen, Mast oder Schwert zurück ans Ufer paddeln.
- Evtl. versuchen, eine Boje zum Festmachen zu erreichen.
- Wenn nötig: Rigg aufgeben und nur mit dem Brett ans nächstliegende Ufer paddeln.
- Niemals versuchen, das Ufer schwimmend zu erreichen, da Entfernungen meist unterschätzt werden.

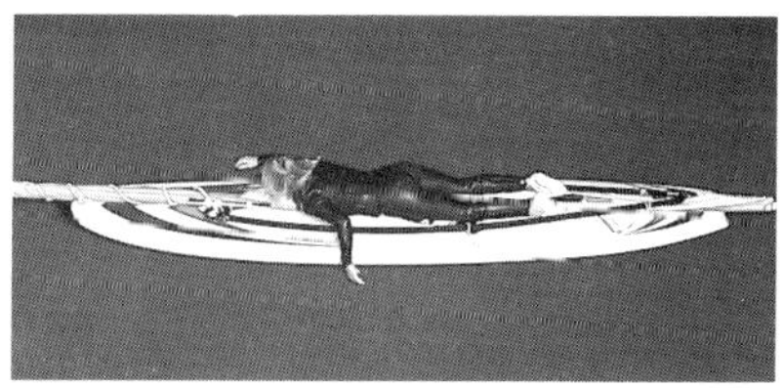

- Sind Helfer in der Nähe, besteht die Möglichkeit, sich abschleppen zu lassen.

Abgeschleppt werden:
Das Rigg sollte bereits bergungsfähig zusammengelegt auf dem Brett liegen (s. Material- und Brettgewöhnung), Mastfuß auf dem Bug oder Mastfuß in der Mastspur. Falls man sich von einem anderen Surfer abschleppen lassen möchte, gibt es folgende Möglichkeiten:

a) Abgeschleppt werden mit Ersatztampen:
Mit jeweils einem Palstek verbindet man mit dem Ersatztampen die Abschleppöse des eigenen Bretts mit dem Mastfuß des Helfers. Um ein Unterschneiden des Buges zu verhindern, legt man sich beim Abschleppen nicht zu weit vorne und flach aufs Brett. Die Kippstabilität kann erhöht werden, wenn man das Schwert eingesteckt läßt, wobei man speziell bei Manövern ein seitliches Ausscheren des Brettes in Kauf nehmen muß.

Vorteil dieser Schlepptechnik:
gute Manövrierfähigkeit
keine Verletzungsgefahr durch Rigg oder Füße des Schleppers
man kann sich mit beiden Händen am eigenen Brett festhalten.

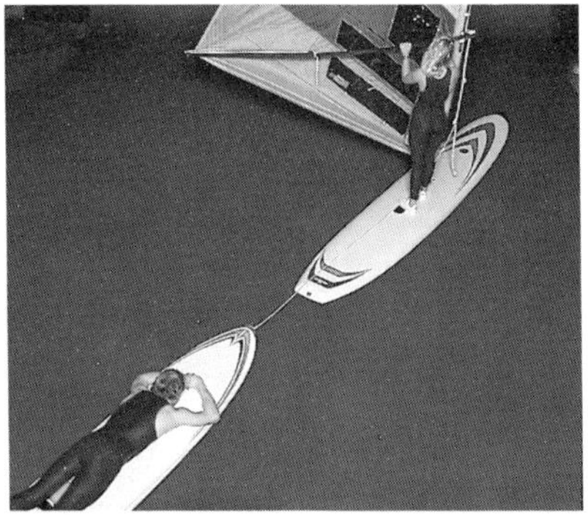

Nachteil:
Verständigung untereinander erschwert
mit Schwert kann das Brett seitlich ausscheren.

b) Abgeschleppt werden ohne Ersatztampen in Lee oder Luv:
Falls ein Ersatztampen, eine Abschleppöse oder gar beides fehlt, kann man sich in Luv oder in Lee am Schwertbändsel des Helfers seitlich festhalten. Das eigene Schwert sollte dabei nicht eingesteckt sein, um Manöver zu erleichtern.

Vorteil dieser Schlepptechnik:
- Hilfsmittel sind nicht unbedingt notwendig
- gute Verständigungsmöglichkeit

Nachteil:
- Verletzungsrisiko beider Surfer bei Stürzen.

Bekleidung

Wie ein Surfer bei der Ausübung seines Sportes gekleidet sein sollte, darüber gibt es die unterschiedlichsten Meinungen. Eines ist jedoch sicher: Nur eine Badehose reicht in keinem Fall aus, denn die Kleidung übernimmt mehrere Funktionen. Sie bietet Schutz vor:
Verletzungen
Unterkühlung
Sonnenbrand

Grundsätzlich richtet sich die Art der Bekleidung nach:
Temperatur von Wasser und Luft
Windstärke
Windrichtung (auf- oder ablandig)
Surfrevier
Können und Vorhaben des Surfers

Zum Beispiel wäre es sträflicher Leichtsinn, am offenen Meer bei ablandigem Wind zu einem weiter entfernten Ziel zu surfen, nur mit einem dünnen Sommersurfanzug bekleidet. Andererseits ist es weit übertrieben, auf einem Baggersee bei hochsommerlichen Temperaturen in Long-John, Neopren-Jacke, Füßlingen und Kopfhaube loszufahren.
Dem Surfer steht folgende speziell dem Surfsport angepaßte Kleidung zur Verfügung:

leichter Sommeranzug (Lackanzug)
kurz oder lang
Neoprenanzug kurz (Short John)
Neoprenhose lang (Long John)
Neoprenjacke
Neoprenkopfhaube
Neoprenfüßlinge
Neoprenhandschuhe
Trockensurfanzug

Ein 3–4mm dicker Neoprenanzug reicht für die normale Surfsaison vollkommen aus. Will man jedoch die Saison bis in den späten Herbst oder Winter verlängern, so bietet nur ein mindestens ca. 6mm dicker Neoprenanzug oder ein spezieller

Lackanzug

Short John

Long John mit Jacke

Trockenanzug den nötigen Wärmeschutz. Tauchanzüge lassen dem Oberkörper zu wenig Bewegungsfreiheit und sind deshalb für den Surfsport nur bedingt geeignet.
Weiterhin sollte jeder Surfer wissen, daß Schuhe unbedingt zur Ausrüstung gehören, unabhängig davon, ob man einen leichten Sommeranzug, oder einen kompletten Neoprenanzug ausgewählt hat. *Schuhe verhindern unangenehme Verletzungen* durch Glasscherben, kantige Steine oder auch Quetschungen des Fußes zwischen Mast und Brett. Turnschuhe mit möglichst rutschfester Sohle sind zwar auch geeignet, Neoprensurfstiefel haben jedoch den Vorteil, daß sie die Füße auch bei kälterer Witterung vor Unterkühlung schützen.
Viele erfahrene Surfer schwören auf das »Barfußsurfen« mit dem Argument, besseren Stand und mehr Gefühl für das Brett zu haben. Das Verletzungsrisiko kalkulieren sie dabei bewußt mit ein.
Um die Fußstellung deutlich zeigen zu können, mußte bei einigen Fotos in diesem Buch auf Schuhe verzichtet werden, obwohl es nicht den Sicherheitsforderungen entspricht!

Der Körper kann nur durch wettergerechte Kleidung vor Unterkühlung geschützt werden. Alkohol ist kein Ersatz für warme Kleidung. Der vermeintlich wärmende Schnaps bewirkt genau das Gegenteil, denn er erweitert die Blutgefäße, wodurch der Körper noch stärker und schneller auskühlt.

Auswahl der Segelgröße

Die Auswahl der richtigen Segelgröße hängt entscheidend von folgenden Kriterien ab:
Ausbildungsstand des Surfers
Windstärke
Windrichtung (auf- oder ablandig)
Revier
Die Größen der auf dem Markt befindlichen Segel schwanken zwischen 3 m^2 bei Kinder- und extremen Sturmsegeln, von 4,5–5,4 m^2 bei Allround- und Mediumsegeln und von 5,4–6,5 m^2 bei Regattasegeln.
Die obere Grenze liegt bei ca. 8 m^2 bei Leichtwindsegeln.
Speziell bei stärkerem Wind bewirkt ein großes Segel nicht immer eine höhere Fahrtgeschwindigkeit (s. Theorie). Zum Segelaufholen braucht man aber um so mehr Kraft, je größer das Segel ist. Somit sollte man Anfängern, Jugendlichen oder zierlichen Surfschülern eher ein etwas kleineres Segel in die Hand geben, um sie nicht durch das mühsamere Aufholen eines großen Regattasegels unnötigerweise vorzeitig zu ermüden.
Daß man bei zunehmendem Wind ein kleineres Segel wählen sollte, um das Segel noch halten zu können, ist wohl jedem klar.
Die Abhängigkeit der Segelgröße von Revier und Windrichtung muß jedoch noch näher erklärt werden.
Auf einem kleinen Binnenrevier hat die Wahl der Segelgröße für die eigene Sicherheit kaum Bedeutung. Selbst wenn man sich hier bei der Wahl der Segelgröße überschätzt und somit das Segel kaum aus dem Wasser bekommt, geschweige denn starten kann, so wird man doch in kurzer Zeit an irgendein Ufer gespült und geht zu Fuß zum Ausgangspunkt zurück. Am offenen Meer hat eine Selbstüberschätzung bei der Segelwahl nicht gleich lebensgefährliche Folgen, solange der Wind auflandig weht und keine starke Strömung herrscht. Man wird wieder an Land gespült, was nur dann gefährlich wird, wenn das Ufer unzugänglich oder felsig ist (Steilküste), oder wenn man sich durch einen Brandungsgürtel kämpfen muß.
Lebenswichtig ist die richtige Wahl der Segelgröße aber bei ablandigem Wind an großen Revieren. In diesem Fall resultiert aus einer Fehleinschät-

Regattasegel, Mediumsegel, Kindersegel

zung des eigenen Fahrkönnens oder der Windstärke sofort eine extreme Notsituation. Ist man erst einmal mit zu großem Segel gestartet und bemerkt fern vom Ufer, daß man das Segel nicht bewältigt, so besteht kaum eine Chance, zum Ausgangspunkt zurückzukehren. Womöglich muß man abriggen und zurückpaddeln (s. S. 51/52). Auf alle Fälle sollte man *diese Entscheidung so früh wie möglich treffen,* um Kräfte für das anstrengende Zurückpaddeln zu sparen. Besteht keine Aussicht auf eine selbständige Rückkehr, hat der Surfer nur noch die Möglichkeit, durch das internationale Notsignal auf sich aufmerksam zu machen. Aber auch diese Entscheidung muß so früh getroffen werden, daß noch Helfer in der Nähe sind, die das Zeichen sehen (s. S. 61) und notwendige Schritte veranlassen.

Verschiedene Segelarten

Unabhängig von ihrer Größe unterscheiden sich Surfsegel zusätzlich in ihrem Segelschnitt (bauchig oder flach) und in ihrer äußeren Form (s. Theorie)

- *Sturmsegel:*
  Meist verkürztes Vorliek,
  kleine Segelfläche,
  bei böigem Wind schwierig zu fahren – Gefahr von Luvstürzen,
  3–4,5 m²

- *Allroundsegel:*
  Konkaves (hohlgeschnittenes) Achterliek
  wenig Segelfläche im oberen Drittel auf Binnenrevieren mit böigem Wind gut als Sturmsegel zu gebrauchen
  Segelaufholen sehr einfach
  4–5 m²

- *Mediumsegel:*
  Gerades Achterliek
  Anfängersegel für jeden Wind
  Segelaufholen erleichtert
  4,8–5,6 m²

- *Regattasegel:*
  Konvexes (ausgestelltes) Achterliek mit drei Segellatten
  Standardausrüstung der meisten Boards
  Segelaufholen relativ schwer
  viel Fläche = viel Segelkraft, aber auch größere Haltekräfte
  5,8–6,5 m²

- *Maui-Segel:*
  Spezielle Segelform mit am Top durch ein oder zwei Segellatten ausgestelltem Achterliek
  viel Segelfläche im oberen Drittel
- Segelschwerpunkt liegt sehr hoch, dadurch schwieriges Segelaufholen.

Einige dieser Segel werden neuerdings in einer besonderen Form geschnitten. Durch Verkürzen des Achterlieks wandert das Schothorn nach oben (High-Clew-Form). Meist kann bei diesen Segeln ein kürzerer Gabelbaum verwendet werden, welcher das Segelaufholen wesentlich erleichtert. Die Vorteile des kurzen Gabelbaums für die Schulung werden auf S. 42 ausführlich erläutert.

Überprüfen des Gerätes

Jedem Surfer sollte die einwandfreie Beschaffenheit seines Materials besonders am Herzen liegen. Zum einen wäre es sehr ärgerlich, einen herrlichen Surftag nur wegen eines gebrochenen Mastfußes oder einer gerissenen Trimmschot beenden zu müssen, zum anderen könnte auch das Leben des Surfers von der Beschaffenheit des Materials abhängen. Ersatzteile im Reisegepäck ermöglichen, Schäden zu beseitigen oder verschlissenes Material rechtzeitig zu ersetzen.

Folgende Ersatzteile sollten deshalb immer parat sein:

Trimmschot
Vorliekstrecker
Masttampen
Sicherheitsleine
Mastfuß komplett
Polyesterspachtel oder wasserfestes Klebeband
Segelgarn und Nadel
eventuell Segellatten
eventuell Finne

Zur eigenen Sicherheit läßt man sich vor jedem Start folgendes durch den Kopf gehen:

Was könnte nicht in Ordnung sein?
Was muß ich deshalb überprüfen?
Was muß ich in jedem Fall in Ordnung bringen, bevor ich auf das Wasser gehe?

Die nebenstehende Übersicht zeigt die häufigsten Defekte am Surfbrett auf.

Defekt	*Darf man ohne Reparatur starten?*	*Was ist zu tun?*
glatte Standfläche	nicht ratsam	Standfläche wachsen bzw. Fettschicht abwaschen
Loch im Brett	ja, jedoch kann das Brett langfristig durch Wasseraufnahme zerstört werden	mit Spachtel oder Klebeband provisorisch abdichten
Fangleine fehlt	nein	anbringen
Risse im Segel Segelnähte offen	nicht ratsam, da das Segel völlig zerreißen könnte	reparieren lassen oder selbst nähen
Segellatten fehlen	ja	ersetzen
falsch getrimmt	nicht ratsam	nachtrimmen
Tampen defekt	nein	ersetzen
Mast-Gabelbaum-Verbindung locker	nein	nachspannen
am Gabelbaum fehlen Schrauben	nein	ersetzen

Wetter

Jeder Wassersportler ist in hohem Maße vom Wetter abhängig. Einerseits beschert das Wetter bei strahlend blauem Himmel und hochsommerlichen Temperaturen herrliche Stunden auf dem Surfbrett, andererseits birgt das Wetter Gefahren, die den Surfer in arge Bedrängnis bringen können, falls er nicht immer mit einem Auge den Himmel beobachtet.
Hinweise auf die allgemeine Wetterentwicklung geben Rundfunk und Fernsehen. Man bekommt Informationen über die Wetterlage, Tendenzen zu Wetterverbesserung oder -verschlechterung, Windrichtung, Windstärke und Gewittergefahr.
Zusätzliche Auskünfte sind beim Hafenmeister, der normalerweise eine Wetterkarte vorliegen hat, oder bei Einheimischen zu erhalten.
All diese Wetterinformationen können nur sehr großräumig und damit ungenau sein. Jeder Surfer muß zusätzlich durch eigenes Wissen Gefahren rechtzeitig erkennen. Am Meer oder an größeren Binnengewässern gibt es Wind- und Sturmwarnsysteme, nach denen man sich richten sollte. Die Entscheidung, ob man bei Sturmwarnung gar nicht erst startet, das Wasser verläßt oder in Ufernähe abwartet und die weitere Entwicklung des Wetters beobachtet, muß jeder in eigener Verantwortung für seine Person oder der Lehrer für seine Schüler treffen.

Durch Selbstüberschätzung kann man nicht nur sich selbst, sondern auch das Leben anderer in Gefahr bringen, die im Notfall bei einer Rettungsaktion eingesetzt sind.

Windstärkentabelle

Stärke (nach Beaufort) + Bezeichnung	Geschw. m/s	Geschw. Knoten	Auswirkungen
0 Windstille	0–0,5	0	glattes Wasser, Rauch steigt senkrecht hoch
1 leiser Zug	0,5–1,5	1–3	kleine Kräuselwellen, Rauch bewegt sich
2 leichte Brise	1,5–3,5	4–6	kleine Wellen, Blätter bewegt, Flaggen bewegt
3 schwache Brise	3,5–5,5	7–10	Wellenkämme beginnen zu brechen, einzelne Schaumköpfe, Blätter und dünne Zweige bewegt, Flagge wird gestreckt
4 mäßige Brise	5,5–8	11–15	Wellen werden länger, Ausbreitung weißer Schaumköpfe. Hebt Staub und loses Papier, bewegt Zweige
5 frische Brise	8–11	16–21	Überall weiße Schaumköpfe. Kleine Bäume beginnen zu schwanken, Flaggen wehen scharf aus
6 starker Wind	11–14	22–27	Grobe See, Kämme brechen, etwas Gischt. Bäume stark bewegt, Telegraphenleitungen pfeifen
7 steifer Wind	14–17	28–33	Hoher Seegang, See türmt sich, Schaum legt sich in Streifen gegen Windrichtung
8 stürmischer Wind	17–21	34–40	Mäßig hohe Wellenberge. Von den Kammkanten beginnt Gischt abzuwehen. Zweige brechen, Gehen erschwert
9 Sturm	21–25	41–47	Hohe Wellenberge, dichte Schaumstreifen, Gischt hemmt die Sicht. Rollen der See. Kleine Schäden an Häusern
10 schwerer Sturm	25–29	48–55	Sehr hohe Wellenberge mit überbrechenden Kämmen, See weiß durch Schaum. Sichtbeeinträchtigung durch Gischt. Entwurzelte Bäume
11 orkanartiger Sturm	29–33	56–63	Außergewöhnlich hohe Wellenberge, Gischt in der Luft, schlechte Sicht. Schwere Sturmschäden
12 Orkan	über 33	64	See vollständig weiß, Luft mit Schaum und Gischt angefüllt. Schwerste Verwüstungen

Starkwind und Sturmsignale

An deutschen Binnengewässern:

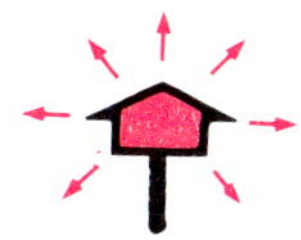

Starkwind-Vorwarnung (ab 6 Bft): Blinkzeichen, rot-orange, 40 ×/Minute

Starkwind-Hauptwarnung (ab 6 Bft): Blinkzeichen, rot-orange, 90 ×/Minute

An deutschen Küstengewässern:

Starkwind-Warnung (ab 6 Bft): schwarzer Ball

Sturmwarnung (ab 8 Bft): schwarzes Dreieck

Gewitter

Ein Gewitter birgt für den Surfer viele Gefahren. Abgesehen von großen Gewitterfronten, die meist rechtzeitig erkennbar sind, ist ein Gewitter eine eng begrenzte lokale Wettererscheinung, die kein Wetterdienst bezüglich Ort, Uhrzeit und Stärke genau vorhersagen kann. Wenn man jedoch, besonders an sehr warmen, schwülen Tagen, den Himmel im Auge behält, so läßt sich ein lokales Wärmegewitter rechtzeitig erkennen.

Gewitteranzeichen bei zunächst wolkenlosem Himmel
Bei sehr warmem, schwülem Wetter war der Himmel bis in den Nachmittag wolkenlos. Es herrschten schwache und stark drehende Winde. Auf einmal bilden sich Haufenwolken (Cumulus), die sich sehr rasch hoch auftürmen. Der Wind frischt spürbar auf.

Gewitteranzeichen bei Cumulusbewölkung
Im Tagesverlauf hatten die Cumuluswolken etwa gleiche Größe und vor allem gleiche Obergrenze. Der Wind war schwach bis mäßig und stark drehend. Nach und nach beginnen einige Wolken förmlich überzuquellen. Die Wolkenobergrenze steigt immer höher, die Wolkengröße vervielfacht sich, der Wind frischt auf.

Bei heranziehendem Gewitter ist es unbedingt notwendig, sich in Ufernähe aufzuhalten, um das Wasser so schnell wie möglich verlassen zu können. Die Zuggeschwindigkeit eines Gewitters wird leicht unterschätzt. Die Gefahr, mitten auf dem See vom Gewitter überrascht zu werden, ist deshalb relativ groß. Ist es nicht mehr möglich, rechtzeitig an Land zu fahren, ist es am vernünftigsten, das Rigg ins Wasser fallen zu lassen und sich flach aufs Brett zu legen.

Gefahren bei Gewitter:
- plötzlich drehender und stark auffrischender Wind
- Sichtverschlechterung durch starken Regen oder Hagel
- Blitzschlag

Verhalten bei Gewitter:
- ans nächste Ufer fahren
- Abstand vom Ufer zu groß: flach aufs Brett legen!

Umwelt und Surfen[1]

Mit fortschreitender Industrialisierung und Technisierung nimmt die Verschmutzung unserer Flüsse, Seen und Meere zu.
Bemühungen auf nationaler und internationaler Ebene zur Wahrung und Wiederherstellung der Wasserqualität können nicht verhindern, daß Abfallstoffe aus privaten Haushalten, Industrie und Landwirtschaft – teilweise immer noch ungeklärt – in unsere Gewässer eingeleitet werden.
Biologische Abfallprodukte, Salze, Schwermetallverbindungen und andere giftige Stoffe zerstören das biologische Gleichgewicht. Eine natürliche Selbstreinigung des Wassers ist nicht mehr gewährleistet. Über die Nahrungskette gelangen letztlich die schädlichen Bestandteile in den menschlichen Organismus.
Aber auch die Erholung an und in Gewässern ist gefährdet. An Flußmündungen und Stellen der Einleitung von Abwässern in Seen und Meere können Bakterien- und Virenansammlungen Entzündungen, Darmerkrankungen, Hepatitis und sogar Kinderlähmung hervorrufen. Einige Strände und Buchten wurden für Badende behördlich gesperrt.

1 Die Kapitel »Umwelt und Surfen« und »Naturschutz und Surfen« wurden einem Referat von Stefanie Löffler entnommen.

Ein Badeverbot heißt, daß Windsurfen ebenfalls nicht erlaubt ist.
Welcher Surfer kann schon von sich behaupten, am Tag nicht mindestens einmal »baden« gegangen zu sein. Aber auch an Stellen, wo behördlich kein Badeverbot besteht, kann die Gefahr einer gesundheitlichen Schädigung für Surfer gegeben sein, da sie in kurzer Zeit weite Distanzen zurücklegen und in Zonen gelangen, die für Schwimmer ungeeignet oder nicht erreichbar sind. Es gehört somit auch zur allgemeinen Sorgfaltspflicht des Surfers, sich bei ortsansässigen Surfschulen, Wasserwacht etc. über die Wasserverhältnisse zu informieren.
Beobachten der Wasserfläche – wo sind Abwassereinleitungen, besteht Geruchsbelästigung, sind schwimmende Abfälle vorhanden? – und Meiden der verunreinigten Zonen sollten im eigenen Interesse erfolgen.
Einige Seen wurden nach dem Einfall von Surfern total verschmutzt hinterlassen.
Die Verantwortung, selbst einen aktiven Beitrag zum Umweltschutz zu leisten, kann niemand von sich weisen. Es ist daher notwendig, nicht nur passiv saubere Gewässer als Grundlage unseres Sports zu fordern, sondern aktiv – wenn auch nur durch Anregung oder beispielhaftes Verhalten im Surfclub oder im Freundeskreis – Aktionen für eine saubere Umwelt zu unterstützen.

Einige grundsätzliche Regeln zum Umweltschutz sollte jeder Surfer für sich beherzigen:
- Badeverbot heißt meist auch Windsurfverbot.
- Informiere Dich nicht nur über Schutzgebiete, Schiffahrtswege, Strömungsverhältnisse, sondern auch über die Wasserqualität und evtl. gefährdete Gebiete.
- Beobachte die Wasserfläche und meide verunreinigte Zonen.
- Rege selbst durch beispielhaftes Verhalten andere zu umweltbewußtem Handeln an.
- Unterstütze Aktionen für eine saubere Umwelt. Bedenke: Reines Wasser ist die Grundlage unseres Sports!

Naturschutz und Surfen[1]

In Ausübung ihres Sports dringen Surfer mit ihren flachen Brettern häufig bis in die nahen Uferzonen ihres Reviers vor. Diese waren vorher für viele Vogelarten ungestörte Nist- und Rastplätze.
Störungen bei der Nahrungsaufnahme sowie beim Brutgeschäft sind die Folge. Werden Fluchtdistanzen von 100–200 m wiederholt unterschritten, besonders im Nistbereich, so ist die Belästigung der recht scheuen Wasservögel derart groß, daß Nist- und Brutstätten verlassen und nicht wieder aufgesucht werden. Die Gelege sterben somit ab.

Waren unsere Gewässer früher zumindest im Winter für Zugvögel ein willkommener Überwinterungsplatz bzw. Rastplatz auf der Reise in den Süden, so hält die Störung heute selbst in der kalten Jahreszeit durch besonders »Unentwegte« an. Die Anwesenheit eines einzigen Surfers reicht aus, die Vögel zu vertreiben! Ganze Arten können dadurch in ihrem Bestand gefährdet werden.
Einrichtung von Naturschutzgebieten ist erforderlich, um die Artenvielfalt der Pflanzen- und Tierwelt zu erhalten. Landschaften und Lebensstätten von besonderer Eigenart sind in ihrem Fortbestand zu sichern! Das Bundesnaturschutzgesetz liefert hierfür die Grundlage. Die Durchführung von Naturschutz und Landschaftspflege ist nach dem Grundgesetz Aufgabe der einzelnen Bundesländer.
Jeder Surfer kann dazu beitragen, die Natur und ihre Umwelt zu schützen, wenn er beim Surfen folgende Regeln beachtet:

Hilf mit, Natur und Wassersport zu erhalten![1]

Fahre nicht in Schilfgürtel, seichte und flache Gewässer mit Wasserpflanzen. Halte 30–50 m Abstand!

Halte mindestens 100 m Abstand von Vogelansammlungen auf dem Wasser!

Meide dichte Ufervegetation auch von der Landseite und halte 30–50 m Abstand!

Halte mindestens 300–500 m Abstand von Seehundliegeplätzen und »Vogelinseln«!
Bleibe im Fahrwasser und fahre langsam vorbei!

1 Die Abbildungen zu den 10 Naturschutz-Regeln sind entstanden nach Vorlagen von Ralf Schmidt.

Achte auf Einschränkungen für den Wassersport in Naturschutzgebieten und befolge sie!

Nimm Rücksicht auf alle Tiere in »Feuchtgebieten internationaler Bedeutung«!

Gehe nur an offiziellen Anlegestellen und dort an Land, wo Du keinen Schaden an Tier und Pflanzen anrichtest!

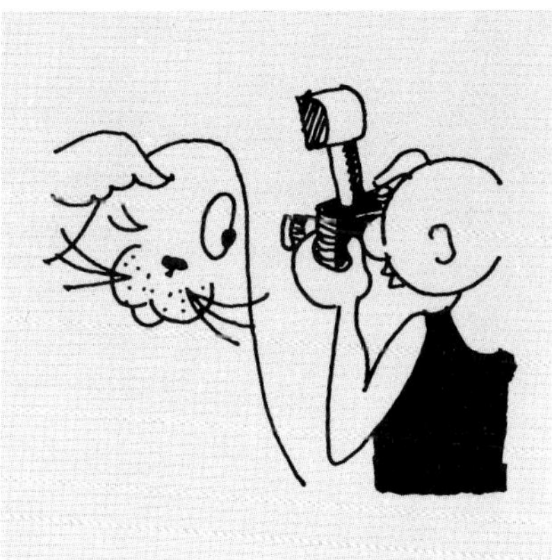

Beobachte und fotografiere Tiere nur aus der Ferne!

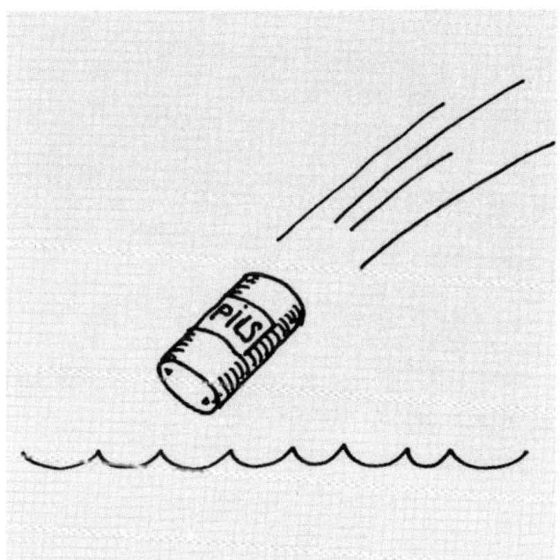

Halte das Wasser sauber!

Präge Dir die Regeln ein und befolge sie!
Informiere Dich über bestehende Vorschriften in Deinem Fahrtgebiet!

Block IV

Fertigkeiten

Allgemeine methodische Hinweise

Beim Erlernen der ersten Fertigkeiten spielt die *Simulatorschulung* eine zentrale Rolle.

Ohne Balanceschwierigkeiten, die anfangs auf dem Wasser Angst, Verkrampfungen oder Hemmungen hervorrufen können, bildet der Schüler seine Bewegungsvorstellungen unter erleichterten Bedingungen aus.

Der Lehrer steht unmittelbar in der Nähe, kann sich selbst ganz auf die Bewegungsausführung seines Schülers konzentrieren und übt durch seine Nähe und seine Möglichkeit zum jederzeit helfenden Eingreifen vertrauenerweckende und beruhigende Wirkung auf den Schüler aus. Die anderen Schüler lernen durch Zuschauen und können durch Beobachtungsaufgaben aktiv mit in den Unterricht einbezogen werden. Fehler werden gemeinsam erörtert und korrigiert.

Dabei gilt es, vor allem Richtiges zu unterstreichen und zu loben, um dann um so vorsichtiger zu korrigieren.

Der Lehrer sollte lange Erklärungen vom Simulator herunter vermeiden. Ausführliche Erläuterungen während der Bewegungsausführung schränken die optische Aufnahmefähigkeit der Schüler ein. Statt dessen soll der Schüler nach knappen Informationen und notwendigen Korrekturen durch mehrfaches Üben das Neugelernte soweit festigen, daß er es auch unter erschwerten Bedingungen auf dem Wasser richtig ausführen kann.

Es empfiehlt sich, die Lernschritte »Segelaufholen«, »Grundstellung« und »halbe Drehung« in einer zusammenhängenden Unterrichtssequenz am Simulator einzuführen und dann auch an der Boje zu schulen.

Weitere sinnvolle Themengruppen werden im Teil I unter dem Kapitel Stoffanordnung angeboten.

Die Mast-Technik

Die »Mast-Technik« bietet gegenüber der »Startschot-Technik« entscheidende Vorteile, und nach langer Erprobung wurde deutlich, daß Schüler aller Altersgruppen, von Kindern bis zu Erwachsenen, unabhängig von Revier und Material, mit der Mast-Technik kaum Probleme haben. Das Rigg ist am Mast sicher zu führen und zu kontrollieren, der unbequeme Kreuzgriff entfällt, und für alle Anfänger wird der Weg zum Fortgeschrittenen-Fahren geebnet, so daß eine Schulung der Fortgeschrittenentechniken organisch auf der Grundschule aufbauen kann. Umlernen ist nicht mehr notwendig. Von den möglichen Griffvarianten bei der Mast-Technik wurde bei Start, Wende und Halse durchgängig die »Masthand-Technik« gewählt. Sie schien bei den unterschiedlichsten Bedingungen eine *sichere* Ausführung zu erleichtern, auch wenn beim Wechsel der Segelseite ein Umgreifen notwendig wird. Gerade bei der Grundschule muß Sicherheit vor Schnelligkeit gehen.

Die Regel: »Masthand greift immer zuerst« prägt sich leicht ein, da sie bei allen Manövern gültig bleibt.

Im Aufbaukurs kann sich nach Erprobung anderer Griffvarianten jeder Schüler leicht individuell entscheiden, ohne daß er Wesentliches an seiner Technik verändern muß.

Fußstellung

Ungewohnt für viele erfahrene Surflehrer ist auch die Fußstellung. Sie orientiert sich wie die Masttechnik am Fortgeschrittenen-Fahren. Die neue Steuerungstechnik und Sicherheitsaspekte sprachen ebenfalls dafür, die Füße auf allen Kursen hinter dem Mast stehen zu lassen. Die Füße werden so bei Stürzen nicht eingeklemmt und beim Start kann der Mast ungehindert weit nach Luv bewegt werden.

Argumente gegen »beide Füße hinter dem Mast« lassen sich eigentlich nur in der Gewohnheit suchen, es anders gelernt und immer anders gelehrt zu haben. Regattafahrer stehen heute in der Regel ebenfalls hinter dem Mast, je schneller sie fahren, desto weiter hinten auf dem Brett.

Segelaufholen

Allgemeine Hinweise zum Segelaufholen

Vor der Schulung des Segelaufholens an der Boje muß der Schüler lernen, daß das Segel nur aufgeholt werden kann, wenn es in Lee liegt. Er muß die Technik kennen, wie das Rigg aus der Luvlage nach Lee gebracht wird. Dazu wird das Rigg leicht angehoben, so daß der Wind das gesamte Brett und Rigg drehen kann (um 180°). Oder das Rigg wird Richtung Mast über Bug oder Heck nach Lee gezogen.
Am Simulator liegt das Segel immer in Lee.
Um Haltungsfehler von vornherein auszuschalten, muß der Lehrer besonders auf die Länge der Startschot und die Befestigung der Gummileine achten.

Länge der Startschot: bis zum Mastfußgelenk
Befestigung der Gummileine: am besten wird die ca. 60 cm lange Gummileine mit dem freien Ende fest am Vorliekstrecker verknotet und soweit oben an der Startschot eingeklippt, daß sie gerade nicht mehr auf der Standfläche stört.

Lernziel:
Der Schüler soll die wesentlichen Elemente des Segelaufholens in der richtigen Reihenfolge nennen und deutlich demonstrieren können. Der Schüler soll wissen, daß der Krafteinsatz durch Strecken der Beine beginnt und zum Ablaufen des Wassers nach dem Strecken der Beine eine Pause eingelegt werden muß.

Der Schüler soll verstehen, warum der Rücken beim Segelaufholen gerade bleiben sollte.

Einnehmen der Ausgangsposition

Rigg in Lee, Mast 90° zum Brett.

Das Segel liegt auf der Seite, wo der Wind hinbläst (in Lee).

Der Mast und das Brett bilden einen Winkel von 90°.

Füße links und rechts vom Mastfuß.

Die Füße stehen auf der Brettlängsachse, links und rechts handbreit vom Mastfuß entfernt.

Startschot greifen.

Beide Hände greifen die Startschot am untersten Knoten.

Arme strecken, angehockte Stellung,
Oberkörper zurück,
Rücken gerade,
Kopf hoch

Die Arme sind gestreckt, die Beine sind angehockt, der Oberkörper lehnt sich leicht zurück.
Der Rücken ist gerade, der Kopf hoch.

Aufholen des Segels

Beine strecken, Rigg anheben – Pause –.

Das Segel wird durch Strecken der Beine angehoben, der Rücken bleibt gerade.

Segel ganz aus dem Wasser ziehen.

Sobald das Wasser abgelaufen ist, wird das Rigg durch Hand-über-Hand-Greifen ganz aus dem Wasser gezogen.

Mast greifen.

Die Hände greifen den Mast unterhalb vom Gabelbaum.

Gabelbaumende über dem Wasser.

Das Gabelbaumende darf gerade nicht mehr das Wasser berühren.

Grundstellung/ Sicherheitsstellung

Mit Abschluß des Segelaufholens wird die Grundstellung erreicht. Hat der Schüler gelernt, in der Grundstellung sicher zu stehen, die Wellen mit bewegungsbereiter Körperhaltung (Gelenke leicht gebeugt) auszugleichen und mit dem Rigg zu balancieren, so hat er eine wichtige Grundlage für alle anderen Fertigkeiten der Grundschule erworben.
Er kann sich in Ruhe auf dem Wasser orientieren und sich auf die Anweisungen oder Korrekturen des Lehrers konzentrieren, ohne das Rigg jedesmal abzulegen.

Lernziel: Der Schüler soll ermüdungsfrei in der Grundstellung stehen können. Er soll die Grundstellung als Ausgangsposition, Ruhe- und Sicherheitsstellung begreifen.

Eine oder beide Hände halten den Mast.

Die Füße stehen handbreit links und rechts vom Mastfuß mitten auf dem Brett.

Die Knie sind leicht gebeugt – bewegungsbereit – Kopf hoch.

Das Segel flattert im Winkel von 90° zum Brett.

Das Gabelbaumende taucht gerade nicht in's Wasser.

Mastgriff
Füße rechts und links vom Mast
Knie leicht gebeugt, Kopf hoch
Rigg 90° zum Brett
Gabelbaumende dicht über dem Wasser.

Halbe Drehung (180°-Drehung)

Mit der Brettdrehung um 180° lernt der Schüler eine einfache Technik, den Bug bzw. die Segelseite zu wechseln.
So kann er später nach einem Start auf Halbwindkurs mit einer halben Drehung und erneutem Start wieder zum Ausgangspunkt zurückkehren.
Außerdem lernt der Schüler mit der Drehübung, den 90°-Winkel zwischen Rigg und Brett zu korrigieren und sein Brett in jede gewünschte Position zu drehen.
Die Drehung wird aus Sicherheitsgründen nur mit dem Schwenken des Riggs über das Heck eingeführt.
Der Schüler soll wissen, daß er beim Schwenken des Riggs über den Bug immer Höhe zum Wind verliert und schnell abgetrieben wird. Drehungen um 360° haben nur für Balance und Brettbeherrschung Bedeutung.
Die 180°-Drehung über das Heck dagegen bereitet die Wende vor und wird als erleichterte Form für das Wechseln der Segelseite angesehen.

Lernziel: Der Schüler soll lernen, das Brett durch Schwenken des Riggs über das Heck um 180° zu drehen. Er soll die halbe Drehung als Möglichkeit kennen, die Fahrtrichtung umzukehren.
Er soll Nachteile und mögliche Gefahren bei Drehungen durch Schwenken des Riggs über den Bug nennen können.

Grund-
stellung

Grund-
stellung

Bewegungsbeschreibung

Die Grundstellung wird eingenommen.

Rigg zum Heck schwenken, Gabelbaumende dicht über dem Wasser.

Das Segel wird mit leicht zurückgelehntem Oberkörper deutlich in Richtung Heck an den Wind geschwenkt, mit dem Gabelbaumende dicht über dem Wasser.

Brett unter den Füßen drehen lassen.

Weiterdrehen zur neuen Grundstellung.

Füße wechselseitig anheben, das Brett dreht unter den Füßen, die Fußspitzen zeigen immer zum Gabelbaumende.

Das Brett wird bis in die neue Grundstellung gedreht.

Startposition

Die Gliederung des »Starts« in *Startposition, Start* und *Fahrstellung* bedeutet für den Schüler eine wesentliche Erleichterung beim Erlernen einer so komplexen Bewegung.
Nach dem Einnehmen der Startposition ergeben sich auf diese Weise Kontrollmöglichkeiten und eine Pause zur Orientierung auf dem Wasser. Der Schüler erkennt selbst, wenn der Winkel zwischen Brett und Rigg nicht stimmt und kann sich vor dem eigentlichen Start nochmals in Ruhe sammeln.

Lernziel:
Der Schüler soll lernen, auch bei geänderter Fußstellung und mit nur einer Hand am Mast, das Brett durch Anlehnen des Segels an den Wind in der rechtwinkligen Position zu halten oder es dorthin zu bringen.

Er soll wissen, daß die korrekte Startposition Voraussetzung für einen gelungenen Start ist.

Er soll die zeitliche Trennung der Startposition vom restlichen Startvorgang einsehen und die Pause deutlich zur Korrektur des 90° Winkels nutzen.

Einnehmen der Grundstellung

Zur Orientierung auf dem Brett folgt der Hinweis: *vorn* der Bug, *hinten* das Heck.

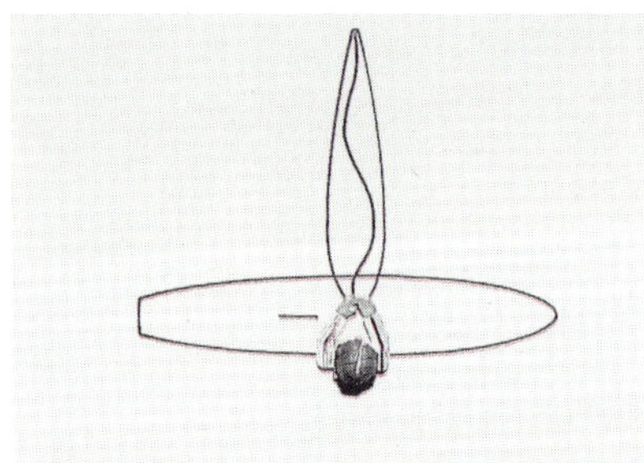

Grundstellung

Die hintere Hand wird losgelassen.

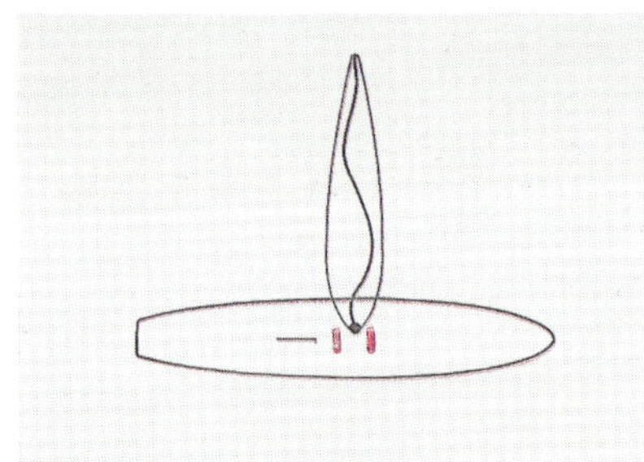

hintere Hand loslassen

Der hintere Fuß wird hinter den Mast auf den Schwertkasten gestellt.

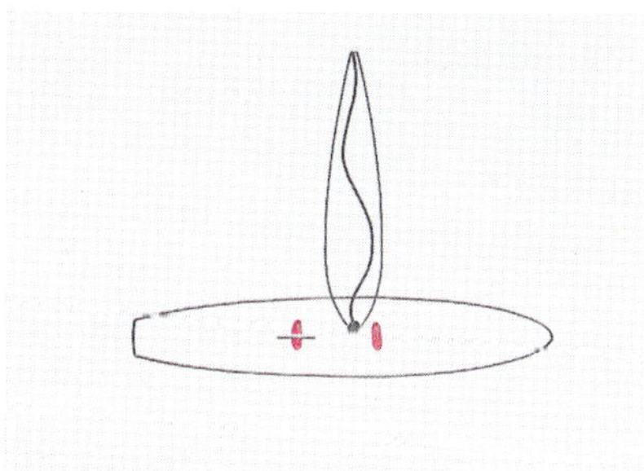

hinteren Fuß auf's Schwert

Der andere Fuß wird hinter den Mast gestellt. Beide Füße sind leicht nach vorn gedreht, Gewicht auf dem hinteren Bein.

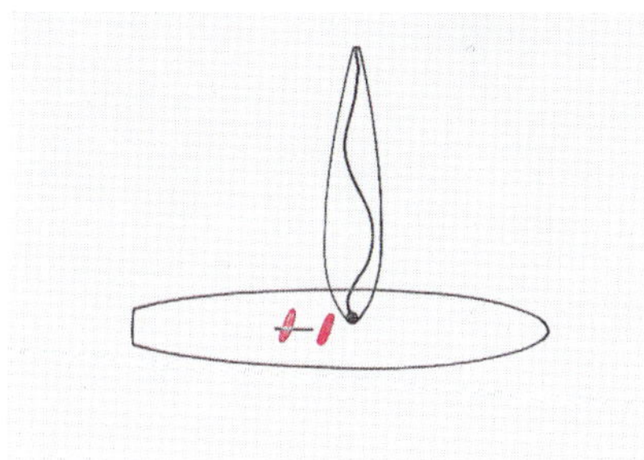

vorderen Fuß hinter den Mast

Die Körperhaltung ist aufrecht, der Rücken gerade. Das Gabelbaumende ist dicht über dem Wasser. Das Segel flattert im Winkel von 90° zum Brett.

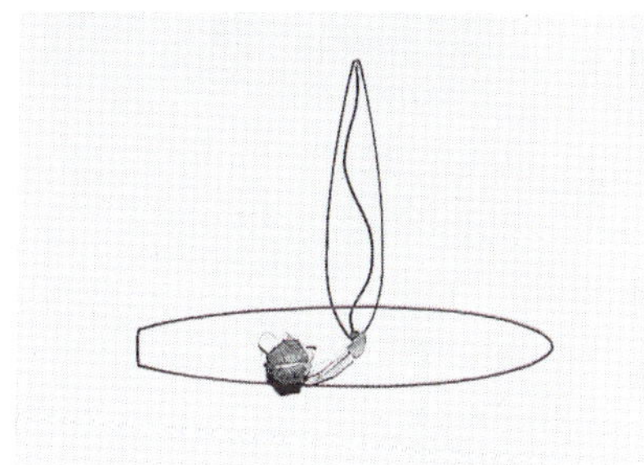

geradestehen, Gabelbaumende
dicht über dem Wasser
90° überprüfen.

Start

Vor dem Start auf *freiem Wasser* muß der Schüler folgendes unbedingt wissen und beachten:

Blick in Fahrtrichtung

Das Brett nimmt beim Start sofort Fahrt auf. Vor dem Start muß deshalb durch Blick über den Bug auf's Fahrtziel überprüft werden, ob der Weg frei ist.

Verkehrsregeln

Mit dem Start im freien Wasser ordnet sich der Schüler in den allgemeinen Verkehr auf dem Wasser ein. Er muß die 3 wichtigsten Verkehrsregeln kennen.

Notstop

Der Schüler muß sich bei Kollisionsgefahr zu helfen wissen und die Möglichkeit kennen, wie er sein Brett durch Fallenlassen des Riggs schnell zum Halten bringt. Dabei muß er auf die Fallweite des Mastes und genügend Platz in Lee achten, damit er niemand gefährdet.

Fahrt verlangsamen und Fahrt aufnehmen

Der Schüler muß wissen, daß er durch Fieren und Dichtholen die Fahrtgeschwindigkeit herabsetzen bzw. beschleunigen kann.
Auffieren: Segel durch Drehung des Oberkörpers nach vorn bei

Die Startposition wird eingenommen.
Vor dem Start, wird, durch Blick über den Bug auf's Fahrtziel, überprüft, ob der Weg frei ist.

Blick auf's Fahrtziel

Das Rigg wird mit Oberkörperdrehung vorn am Körper vorbei soweit nach Luv gezogen, bis es ganz leicht wird und das Fahrziel durch das Segelfenster sichtbar wird.

Rigg nach Luv, Blick durch's Segelfenster

Die Segelhand wird vor dem Körper auf den Gabelbaum gelegt.

Segelhand auflegen

gleichbleibender Winkelstellung der Arme killen lassen

Dichtholen: Segel durch Drehung des Oberkörpers bei gleichbleibender Winkelstellung der Arme an den Wind drehen: es füllt sich vom Achterliek her bis zum Mast.

Killendes Segel

Bei einem killenden Segel stimmt der Anstellwinkel nicht. Die Segelkraft wandert Richtung Achterliek. Das Brett neigt zum Anluven. Abhilfe: Segel dichter holen.

Druck im Segel zu stark

Auf plötzlich steigenden Druck im Segel muß der Schüler lernen, mit Auffieren (Vordrehen des Oberkörpers bei gleichbleibender Winkelstellung der Arme) zu reagieren. Er vermeidet so einen möglichen Sturz, das Fallenlassen des Segels und das nachfolgend wieder notwendige Segelaufholen.

Die genannten Techniken und Regeln können am Simulator geübt und theoretisch erläutert werden.

Lernziel: Der Schüler soll in der Lage sein, nach der Startposition Fahrt aufzunehmen, ohne daß das Brett dabei die Richtung ändert (anluvt oder abfällt).
Er soll in der Lage sein, die Bewegungsfolge sprachlich wiederzugeben.
Er soll das Brett stoppen, Fahrt verlangsamen und wieder aufnehmen und zu starken Druck im Segel durch Auffieren vermindern können.

Die Masthand greift vor dem Körper den Gabelbaum. (Hände greifen schulterbreit auseinander, Ellbogen locker hängen lassen!)

Masthand auflegen

Die Arme bleiben angewinkelt, das Segel wird durch Rückdrehen des Oberkörpers dichtgeholt, bis das Segel ganz aufhört zu killen. Der Zug des Segels wird durch Zurücklehnen des Oberkörpers ausgeglichen.

Dichtholen durch Oberkörperrückdrehen

Die Fahrtstellung ist erreicht. Durch Blick am Mast vorbei wird überprüft, ob man auf's Fahrtziel zufährt.

Fahrtrichtung kontrollieren.

Fahrstellung

Körperhaltung und Fußstellung auf dem Brett passen sich der Fahrtgeschwindigkeit und Segelstellung an. Allgemein gilt, daß die Füße etwa senkrecht auf's Segel zeigen. Das Körpergewicht liegt auf dem hinteren Bein, welches der Belastung und der leichten Körperrücklage durch eine entsprechende Winkelstellung nachgibt. Das vordere Bein ist nahezu gestreckt. Die Arme sind etwas angewinkelt, bei stärkerem Wind fast gestreckt. Der Blick ist nach vorn auf's Fahrtziel gerichtet.

Hinterer Fuß auf dem Schwertkasten, vorderer Fuß hinter dem Mast (beide schräg nach vorn gedreht).
Hände greifen schulterbreit, leichte Rücklage, Gewicht auf dem hinteren Bein.
Arme angewinkelt, Schulter parallel zum Gabelbaum.
Gabelbaum parallel zum Wasser, Blick in Fahrtrichtung.

Lernziel: Der Schüler soll in der ihm vermittelten Körperhaltung ermüdungsarm auf Halbwindkurs fahren können.

Steuern

Als Steuern bezeichnet man eine deutliche Richtungsänderung nach Lee oder Luv, ohne daß dabei die Segelseite gewechselt wird.
Die Brettdrehung beginnt und endet bei einem stabilen Kurs. Dazu wird nach dem Kippen des Riggs in der Segelebene der Gabelbaum wieder zurückgeschoben, bis er parallel zum Wasser ist. Das Brett fährt auf dem neuen Kurs geradeaus.
Sowohl bei der Simulatorschulung als auch beim Wassertraining ist es notwendig, dem Schüler Orientierungspunkte zu geben (durch Fähnchen an Land oder Bojen auf dem Wasser), damit er das Brett auf ein bestimmtes Ziel ausrichten kann und die Wirkung seiner Steuerbewegung einschätzen lernt.
Auf dem Wasser bietet sich ein Slalom durch eine Bojenkette als Übungsform an, an Land auf dem Simulator ein schneller Wechsel zwischen verschiedenen Zielen, wobei aus der Aufgabenstellung nicht hervorgeht, ob der Schüler zum Erreichen des Zielkurses anluven oder Abfallen muß. Der Schüler soll dabei versuchen, nicht über das Ziel hinauszudrehen.
Die Segelstellung ist dabei stets zu überprüfen, das Segel darf nicht killen.
Anluven heißt: Richtungsänderung nach Luv (an den Wind).
Abfallen heißt: Richtungsänderung nach Lee (vom Wind weg).

Lernziel: Der Schüler soll wissen, daß die Richtungsänderung am effektivsten durch Verschieben des Riggs in der Segelebene nach Lee bzw. nach Luv erreicht wird.
Der Schüler soll wissen, daß er beim Abfallen den vorderen Arm streckt und gleichzeitig die hintere Hand zum Gesicht zieht, daß er beim Anluven den hinteren Arm streckt und den vorderen zum Körper zieht.
Der Schüler soll wissen, daß der Anstellwinkel zum Wind gleichbleibt und er deshalb vor allem beim Abfallen das Segel so halten muß, daß es nicht killt.
Der Schüler soll lernen, das Brett nur mit der Riggbewegung zu steuern, der Brettdrehung mit den Füßen nachzugeben, ohne dabei den Standort nach vorn zu verändern.
Der Schüler soll lernen, daß der Standort des belasteten hinteren Fußes hinter dem Schwertkasten beim Abfallen der sicherste ist.
Der Schüler soll lernen, die Drehbewegung zu stoppen.

Anluven

Das Rigg wird in der Segelebene nach Lee verschoben, die Segelhand wird gestreckt, die Masthand zieht zum Körper.

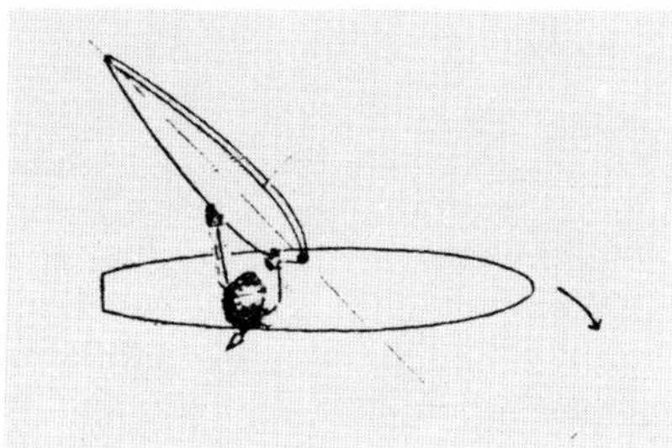

Rigg in der Segelebene nach Lee.

Der Bug dreht an den Wind, das Brett luvt an.

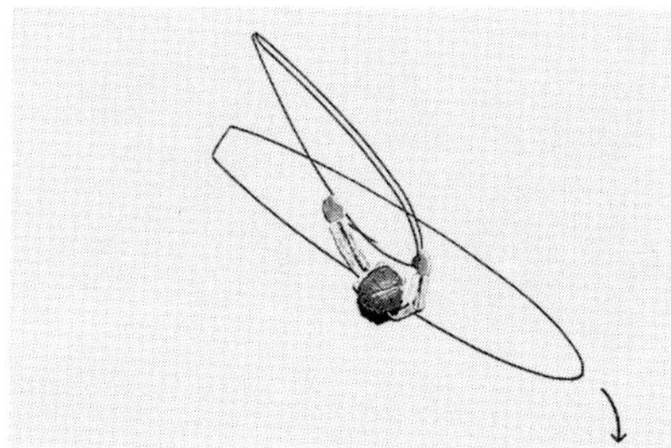

Bug dreht an den Wind.

Die Drehbewegung wird gestoppt, indem das Rigg wieder zurück nach Luv verschoben wird, bis der Gabelbaum parallel zum Wasser ist.

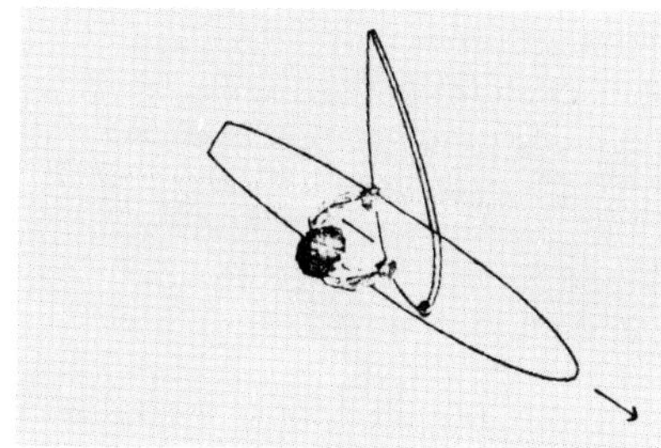

Drehbewegung stoppen, Segelstellung und Fußstellung überprüfen.

Rigg in der Segelebene nach Luv.

Das Rigg wird in der Segelebene nach Luv verschoben, die Masthand wird gestreckt, die Segelhand zum Gesicht gezogen. Das Segel darf nicht killen.

Bug dreht weg vom Wind.

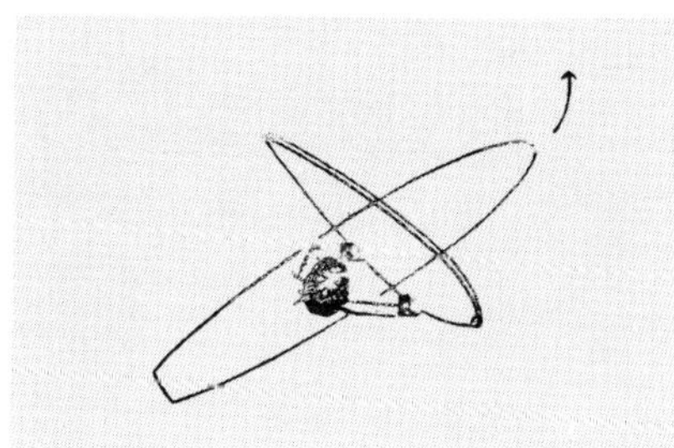

Der Bug dreht weg vom Wind, das Brett fällt ab. Die Fußstellung paßt sich an.

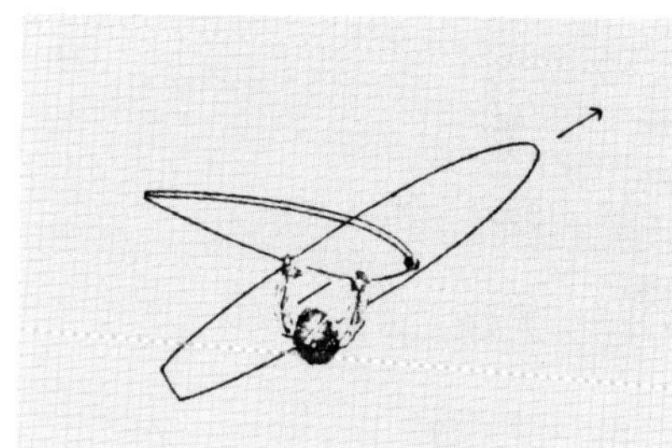

Die Drehbewegung wird gestoppt, indem das Rigg wieder zurück nach Lee verschoben wird, bis der Gabelbaum parallel zum Wasser ist.

Abfallen

Blick nach Luv, Masthand an Mast

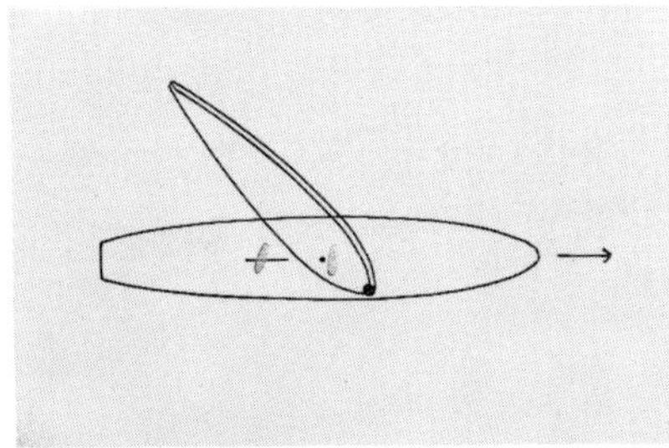

Fuß vor den Mast

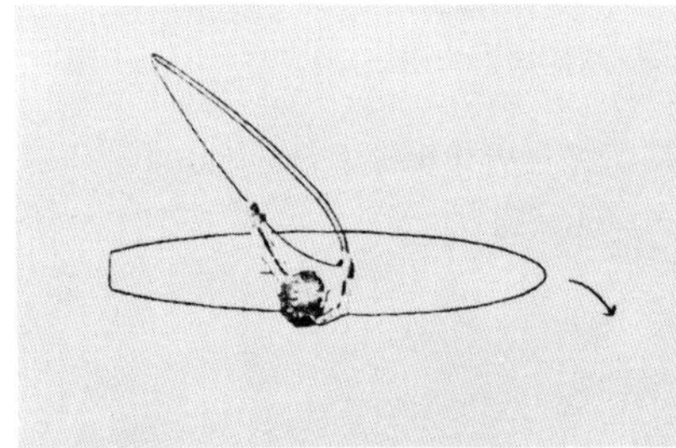

Anluven

Wende

Als Wende bezeichnet man eine Richtungsänderung mit einer Drehung des Buges durch den Wind und Wechsel der Segelseite.

Mehrere Wenden hintereinander und mit dem Ziel, Höhe gegen den Wind zu gewinnen, nennt man *»kreuzen«*.
Die Wende setzt sich aus einer Anluvbewegung und einer Vierteldrehung zusammen. Wurden die »halbe Drehung« und das »Anluven« vorher gut geschult, dann bereitet die Wende keine Schwierigkeiten.
Nach einer Einführung und kurzem Üben des Bewegungsablaufs am Simulator kann die Wende deshalb gleich auf dem freien Wasser geübt werden. Der Schüler wird ohnehin an dieser Stelle im Lernprozeß an der Bojenschulung kein Interesse mehr haben.
Wichtig ist, daß deutlich und soweit angeluvt wird, bis der Bug zum Wind zeigt, bevor der Schritt des hinteren Fußes vor den Mast erfolgt. Denn nur das *Anluven* unterscheides diese Richtungsänderung von einer »halben Drehung«.

Wenn man nach dem Anluven das Segel über das Heck schwenkt, fährt man eine Wende.

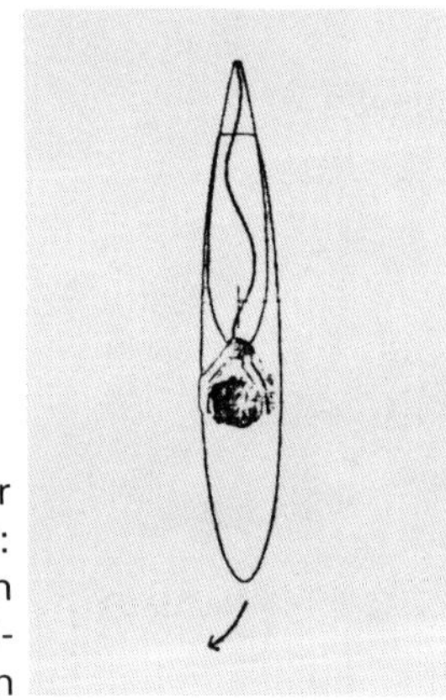

wenn der Bug im Wind: Schritt vor den Mast, Segelhand loslassen

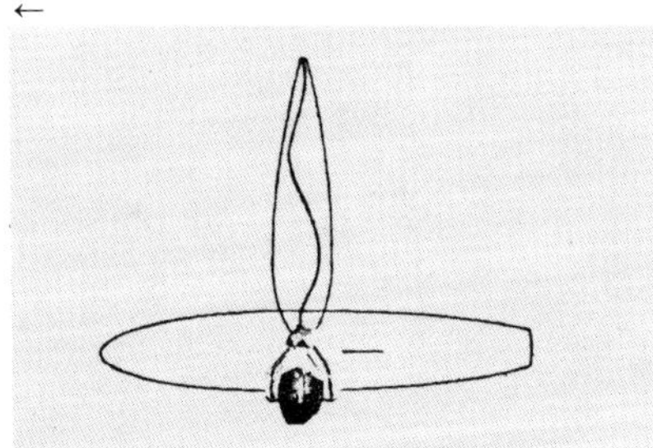

Grundstellung einnehmen.

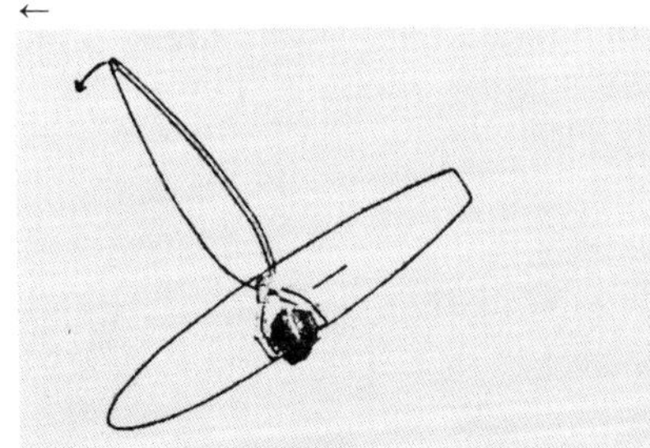

umgreifen und weiterdrehen

Vor dem Einleiten der Wende wird durch Blick nach Luv geprüft, ob für die neue Fahrtrichtung der Weg frei ist. Die Masthand greift an den Mast.

→

Der vordere Fuß wird dicht vor den Mast gestellt.

→

Es folgt das Anluven bis in den Wind.

↓

↓

Gleichzeitig mit dem Schritt vor den Mast wird die Segelhand losgelassen.

Lernziel: Der Schüler soll wissen, daß die Wende durch ein gleichmäßiges Anluven bis in den Wind eingeleitet wird.
Er soll wissen, daß das Segel über dem Heck flattern soll, wenn er die Segelhand gelöst hat und vor dem Mast steht.

Der Schüler soll die Unterschiede zwischen Wende und »halber Drehung« nennen können.
Der Schüler soll den Bewegungsablauf beschreiben können.
Der Schüler soll mehrere Wenden in Folge mit deutlichem Höhengewinn ausführen können.

←

Nach dem Handwechsel wird das Segel weiter an den Wind geschwenkt.

←

Die Grundstellung auf der anderen Seite wird eingenommen.

Halse

Als Halse bezeichnet man eine Richtungsänderung mit Drehung des Hecks durch den Wind und Wechsel der Segelseite.

Die Halse ist notwendig, um ein Ziel zu erreichen, das in Lee hinter der Position liegt, wo man gerade surft.
Das gleichmäßige Abfallen bereitet dem Schüler anfangs größere Schwierigkeiten. Er muß sich daran gewöhnen, beim Abfallen hinten auf dem Brett stehen zu bleiben oder sogar noch weiter zurückzugehen, um die Drehbewegung des Brettes zu erleichtern und unnötige Stürze zu vermeiden.
Häufig wird auch versäumt, die Segelstellung richtig an den Wind anzupassen.
Bleibt das Segel zu dicht, ist ein Schleudersturz fast unvermeidbar, wird das Segel aufgefiert, fährt das Brett geradeaus oder luvt sogar wieder an.
Das Abfallen bis auf Vorwindkurs kann schon beim Steuern geübt werden. Hier ist besonders darauf zu achten, daß das Segel nicht killt.
Im Unterschied zur Wende endet die Halse in der Fahrstellung. Die Füße bleiben also für die gesamte Dauer des Manövers hinter dem Mast.

Die Schulung der Halse auf dem Simulator ist für den Anfänger nur bei relativ schwachem Wind möglich. Kleinere Segel erleichtern die Arbeit.

Wenn das Steuern gründlich gelernt wurde, macht die Halse keine Schwierigkeiten mehr. Nach Demonstration des Lehrers auf dem Wasser oder auf dem Simulator können Schüler die Bewegung in der Regel auf Anhieb nachvollziehen, wenn sie verstanden haben, daß die Halse sich aus der Steuerbewegung zum »Abfallen« und einer Drehbewegung mit Schwenken des Segels über den Bug zusammensetzt.
Da sie hinter dem Mast stehen bleiben können, ist die Halse eigentlich leichter zu lernen als die Wende, wo Balanceprobleme den Bewegungsablauf stören können.

Lernziel: Der Schüler soll lernen, daß die Halse durch ein gleichmäßiges Abfallen bis auf Vorwindkurs eingeleitet wird.

Er soll wissen, daß er die Segelhand erst loslassen darf, wenn er das Segel genau quer zum Brett stehen hat.

Er soll wissen, daß die Position der Füße weit hinter dem Mast die Drehbewegung erleichtert und verhindert, daß der Mast zum Bug geneigt ist und der Gabelbaum beim Schwenken des Segels über den Bug das Wasser berührt.

Der Schüler soll den Bewegungsablauf beschreiben können.

Der Schüler soll das Manöver fahren können, ohne daß das Segel beim Abfallen killt.

Der Schüler soll wissen, daß er bei der Halse Höhe zum Wind verliert.

Wenn man nach dem Abfallen das Segel über den Bug schwenkt, fährt man eine Halse.

Vor dem Einleiten der Halse wird mit Blick durch's Segelfenster überprüft, ob in Lee der Weg frei ist.

Dann erst beginnt das Abfallen bis auf Vorwindkurs. Das Segel darf nicht killen!

Steht das Segel etwa quer zum Brett, wird der vordere Fuß zum hinteren auf's Schwert gezogen, der hintere Fuß wird nach vorn hinter den Mast gestellt.

Die Masthand greift zum Mast, der Arm bleibt bis zum Umgreifen gestreckt, die Segelhand läßt los.

Das Segel schwingt über den Bug, das Brett wird weitergedreht bis auf Halbwindkurs, die Hände greifen um.

Die neue Startposition wird eingenommen.

Umgreifen und Startposition einnehmen.

←

Segelhand läßt los, Segel schwingt über den Bug

←

Masthand greift Mast (Arm lang!)

↑

↑

Wenn Segel quer zum Brett, vorderen Fuß zurück, hinteren vor

→

Fahrstellung

→

Blick nach Lee
Abfallen

Notstop

Notstop durch Backhalten des Segels und die Stophalse bieten dem Surfer die Möglichkeit, das Brett aus voller Fahrt abzustoppen, ohne das Rigg ablegen zu müssen.
Nach dem Anhalten kann er sofort weiterfahren.
Merke: Wird das Rigg aus der Fahrstellung mit Oberkörperdrehung bei gleichbleibender Winkelstellung der Arme nach vorn gedreht, bis der Wind von der »falschen« Seite ins Segel bläst und ein Gegenbauch entsteht, wird die Fahrt abgebremst. Das Brett bleibt dabei möglichst in Fahrtrichtung (Notstop).
Wird das Rigg durch Strecken der Segelhand gegen den Wind gedrückt, dreht der Bug unter dem Segel durch, und die Fahrt kann auf dem anderen Bug ohne Unterbrechung in die entgegengesetzte Richtung fortgesetzt werden (Stophalte).
Die Bewegung wird ruhig – auch bei Gefahr – und mit dosierter Kraft – ausgeführt. Andernfalls ist ein Sturz vom Brett die Folge.

Lernziel: Der Schüler soll lernen, sein Brett aus voller Fahrt zu stoppen, ohne die Fahrtrichtung zu ändern.
Er soll die Vorteile des Not-Stop's gegenüber dem Ablegen des Segels nennen können.

Die Fahrstellung wird eingenommen.

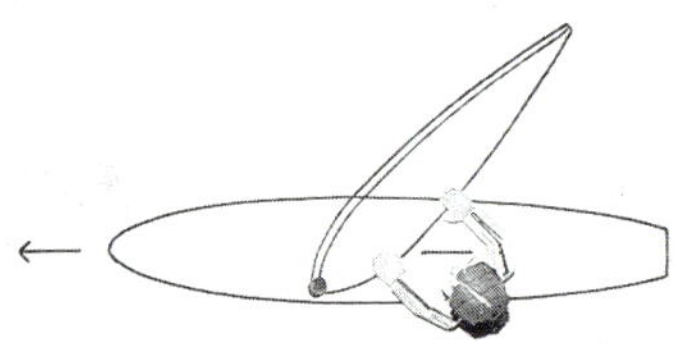

Fahrstellung

Durch Oberkörperdrehung bei gleichbleibender Winkelstellung der Arme wird das Rigg gegen den Wind gedreht (Backhalten). Das Körpergewicht wird nach vorn verlagert und gleicht den Druck im Segel balancierend aus.

Nach dem Stop kann die Fahrt in der anfänglichen Fahrtrichtung fortgesetzt werden.

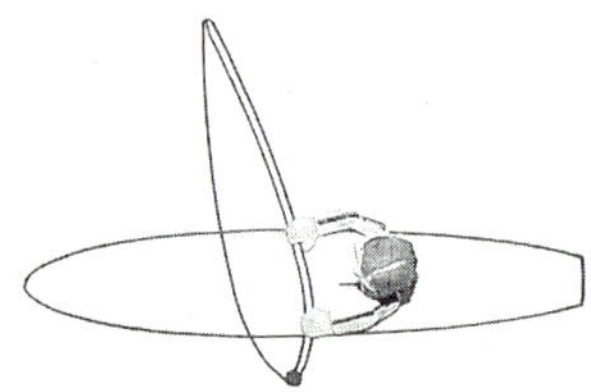

Rigg vordrehen gegen den Wind.

Typische Fehler und ihre Korrektur

In der folgenden Übersicht werden typische Fehler genannt und ihre Ursachen genau erläutert. Sowohl für Surfschüler als auch für ihre Lehrer können die Korrekturtips und Übungen zum Erlernen des richtigen Bewegungsablaufs hilfreich sein.
Um diesen sehr umfangreichen Abschnitt zu vereinfachen, werden Abkürzungen verwendet. Da sich die optische Korrektur bei jedem Fehler gleichermaßen anbietet, wird sie im folgenden Text nicht mehr gesondert aufgeführt. Optische Korrektur bedeutet, daß dem Surfschüler die fehlerhaften und die richtigen Bewegungsabläufe gezeigt werden, z.B. durch Demonstration, Bewegungsskizzen, Phasenfotos, Videoaufnahmen, Lehrfilm.

Abkürzungen:

F = Fehler
U = Ursache
v = verbale Korrektur, Beispiele für den Wortlaut der Fehlerkorrektur durch den Surflehrer
t = taktile Korrektur, Korrektur durch Hilfestellung und Handanlegen
Ü = Übungs- und Spielformen, mit denen der richtige Bewegungsablauf spielerisch erlernt werden kann

Segelaufholen

F: tiefe Hocke

***U* Beine zu stark gebeugt**
v »Gehe in die angehockte Stellung!«
t Winkelstellung der Beine von Hand korrigieren
***U* Startschot zu weit oben gegriffen**
v »Greife den unteren Knoten!«
***U* Arme gebeugt**
v »Strecke die Arme!«
***U* Startschot zu kurz, muß verlängert werden**
Ü Partnerübung
2 Partner sitzen sich auf Stühlen gegenüber und greifen sich an den Händen. An die Lehne anlehnen. Dann langsam die Stühle wegnehmen.

F: Rundrücken

***U* Startschot zu kurz, muß verlängert werden**
***U* Startschot zu weit oben gegriffen**
v »Greife den untersten Knoten!«
***U* Arme gebeugt**
v »Strecke die Arme!«
***U* Angst vorm Zurücklehnen**
v »Kopf hoch, Schultern zurück, Brust raus!«
t Schultern leicht zurückziehen, leichter Druck mit der Hand auf die Wirbelsäule,
sichernde Hilfestellung beim Zurücklehnen,
Masttop leicht herunterdrücken
Ü Partnerübung
2 Partner Rücken an Rücken stellen, Beine anhocken und strecken

Segelaufholen

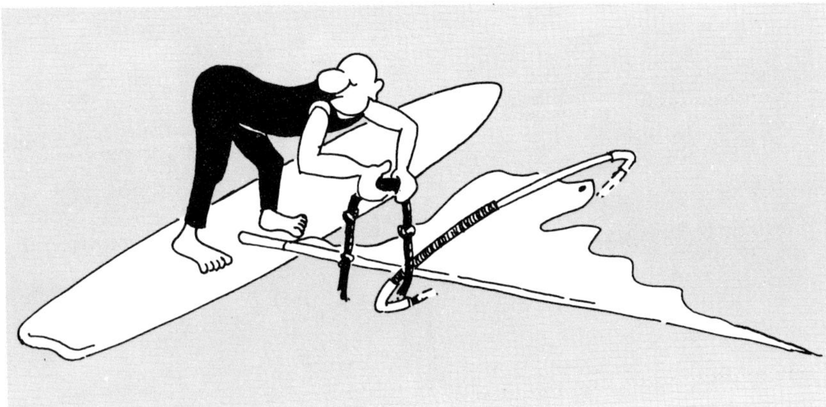

F: Brett dreht beim Segelaufholen

***U* Fußstellung nicht gleichweit vom Mastfuß**

v »Füße links und rechts handbreit vom Mastfuß entfernt stellen!« – »Achte auf Deine Fußstellung!«

t Falschstehenden Fuß in die richtige Position rücken

***U* Zugrichtung auch seitlich**

v »Brett in rechten Winkel zum Mast zurückdrehen!«

Ü Brett durch seitlichen Zug an der Startschot bei flachliegendem Rigg dirigieren

F: Beim Hand-über-Hand-Greifen abknicken in der Hüfte nach vorn

***U* Beine gestreckt, nicht bewegungsbereit**

v »Beine leicht beugen, bewegungsbereit«

t leichter Klaps in die Kniekehlen

***U* Oberkörper wird zum Rigg gezogen**

v »Lehne den Oberkörper zurück!«

t Oberkörper leicht nach hinten ziehen

***U* Angst vorm Zurücklehnen**

t sichernde Hilfestellung beim Zurücklehnen,
Masttop leicht herunterdrücken

Ü Tauziehen
Kosakentanz mit Partner

F: Plötzliches nach Lee-Fallen beim Hand-über-Hand-Greifen

***U* zu hastiges Aufholen des Segels**

v »Ziehe das Rigg langsam aus dem Wasser!«

***U* keine deutliche Pause nach dem Strecken der Beine**

v »Mache eine deutliche Pause nach dem Anheben des Segels, damit das Wasser aus dem Segel ablaufen kann!«

Ü Lehrer hält den Masttop fest und läßt plötzlich los. Schüler muß den nachlassenden Druck ausbalancieren.

Sicherheitsstellung

Halbe Drehung (180°)

F: Unsicherer Stand auf dem Brett, Gabelbaumende zeigt nach oben

***U* Rigg zu nah am Körper**

v »Gabelbaumende knapp über dem Wasser halten!«

***U* Beine gestreckt**

v »Beine leicht beugen, bewegungsbereit sein!«

***U* Wellen werden nur in den Fußgelenken ausgeglichen**

v »Beine leicht beugen, bewegungsbereit sein!«

***U* ängstliches Anklammern am Mast**

v »Rigg ist nicht zum Festhalten da!«
»Locker ausbalancieren!«

F: Brett dreht nicht

***U* Gabelbaumende nicht knapp über dem Wasser**

v »Arme strecken, Gabelbaumende dicht über der Wasseroberfläche halten!«

t Gabelbaumende herunterziehen, Mast vom Körper wegdrücken

***U* keine Kraft im Segel**

v »Lehne das Segel an den Wind an!« – »Schwenke das Segel über das Heck/den Bug!«

F: Mast stößt ans Schienbein

***U* Füße sind stehengeblieben**

v »Hebe die Füße wechselseitig an, Fußspitzen zeigen immer zum Gabelbaumende!«

t Füße des Schülers wechselseitig anheben

Startposition

F: Brett dreht aus der 90°-Position mit dem Bug in den Wind

***U* Mast wird beim Zurücksetzen der Füße mit nach hinten genommen**
v »Das Gabelbaumende bleibt dicht über der Wasseroberfläche. Korrigiere die 90°-Position, indem Du das Rigg zum Bug an den Wind lehnst!«
t Mast festhalten

F: Brett kippt um die Längsachse

***U* Füße stehen zu weit auf der Brettkante**
v »Stelle die Füße auf die Brettlängsachse!«
t Füße zurechtstellen

Start

F: Unsicherer Stand beim Vorbeiführen des Riggs

***U* Rigg wird zu dicht am Körper vorbeigeführt**
v »Lasse beim Vorbeiführen genügend Platz zwischen Körper und Rigg!«
t Rigg führen
***U* Oberkörper wird nicht in Fahrtrichtung vorgedreht und nicht zurückgelehnt**
v »Drehe den Oberkörper in Fahrtrichtung vor, schaue durchs Segelfenster in Fahrtrichtung!«
t Oberkörper vordrehen
***U* Füße stehen quer auf dem Brett**
v »Drehe die Füße schräg in Fahrtrichtung!«
t vorderen Fuß in die richtige Position stellen
***U* vorderer Fuß belastet**
v »Belaste den hinteren Fuß, Oberkörper zurücklehnen!«
t »vorderen Fuß anheben, bis Fußsohle schwebt«

F: Brett dreht beim Vorbeiführen des Riggs

***U* Rigg zu dicht am Körper vorbeigeführt**
v »Lasse beim Vorbeiführen genügend Platz zwischen Körper und Rigg!«
»Wenn das Brett anluvt, lehne das Rigg zum Bug an den Wind, und ziehe es gleichzeitig nach Luv!«

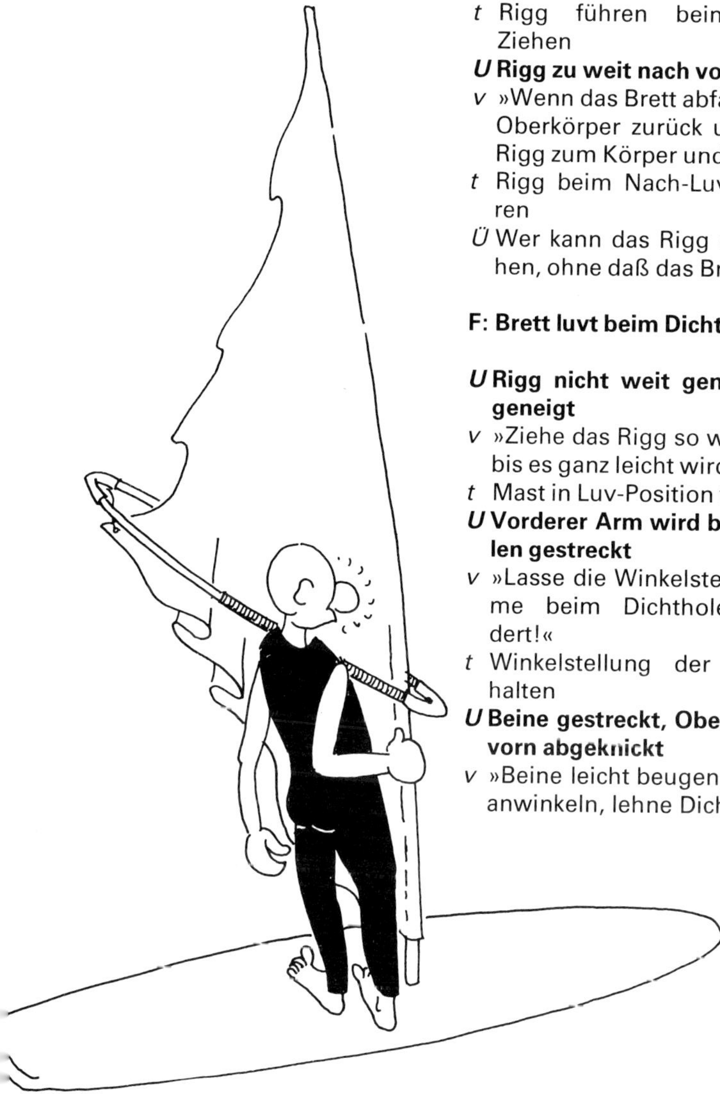

t Rigg führen beim Nach-Luv-Ziehen

U **Rigg zu weit nach vorn geneigt**

v »Wenn das Brett abfällt, neige den Oberkörper zurück und ziehe das Rigg zum Körper und nach Luv!«

t Rigg beim Nach-Luv-Ziehen führen

Ü Wer kann das Rigg nach Luv ziehen, ohne daß das Brett dreht?

F: Brett luvt beim Dichtholen an

U **Rigg nicht weit genug nach Luv geneigt**

v »Ziehe das Rigg so weit nach Luv, bis es ganz leicht wird!«

t Mast in Luv-Position festhalten

U **Vorderer Arm wird beim Dichtholen gestreckt**

v »Lasse die Winkelstellung der Arme beim Dichtholen unverändert!«

t Winkelstellung der Arme festhalten

U **Beine gestreckt, Oberkörper nach vorn abgeknickt**

v »Beine leicht beugen, beide Arme anwinkeln, lehne Dich beim Dichtholen leicht gegen den Wind zurück!«

t Schlag in die Kniekehlen, Oberkörper zurückziehen, Hüfte vordrücken

Ü Mehrmaliges Auffieren und Dichtholen: Wessen Brett fährt sofort beim Start geradeaus?
Rigg in Sand stecken und so weit nach Luv ziehen, daß es allein stehenbleibt (währenddessen Körperdrehung, in die Hände klatschen, tiefe Hocke etc.). Hinweis: besonders geeignet für U: Rigg nicht weit genug nach Luv geneigt.

F: Brett fällt beim Dichtholen ab, Bug dreht weg vom Wind

U **Rigg zu weit nach Luv geführt**

v »Ziehe das Rigg nur so weit nach Luv, bis es ganz leicht wird!«

t Rigg führen

U **Gabelbaum zu weit hinten gefaßt**

v »Gabelbaum mit der vorderen Hand etwa handbreit vom Mast entfernt greifen!«

t evtl. Griffposition am Gabelbaum markieren

U **Oberkörper nicht zurückgedreht zum Dichtholen, sondern nur mit Segelhand angezogen**

v »Oberkörper zurückdrehen bei unveränderter Winkelstellung der Arme!«

Ü Mehrmaliges Auffieren und Dichtholen: Wessen Brett fährt sofort beim Start geradeaus?

F: Brett bleibt nach dem Start stehen

U **Segel zu dicht geholt (Oberkörper zu weit zurückgedreht oder Segelhand zusätzlich zum Körper gezogen)**

v »Segel nur so weit dichtholen, bis das Vorliek nicht mehr killt!«

t Rückdrehen des Oberkörpers dosieren

Ü Beide Hände greifen Gabelbaum nur mit 2 Fingern

F: Mast schlägt nach Lee, Rigg wird nur noch mit der Segelhand gehalten

U Das *Umgreifen* der Masthand an den Gabelbaum erfolgte erst *nach* der Oberkörperrückdrehung

v »Greife *zuerst* mit beiden Händen an den Gabelbaum, *dann* drehe den Oberkörper zurück!«
Schlagworte mitsprechen: »Rigg nach Luv – Segelhand auflegen – Masthand auflegen – Oberkörperrückdrehung«

Ü Auffieren und Dichtholen mit beiden Händen am Gabelbaum durch Oberkörperdrehung

Steuern: Anluven

F: Brett dreht zu weit in den Wind

U **Drehbewegung wird nicht durch rechtzeitiges Rückführen des Gabelbaums in die Waagerechte gestoppt.**

v »Stoppe rechtzeitig die Drehbewegung!«

t Rigg führen,
Orientierungspunkt setzen, wo die Drehbewegung gestoppt werden soll

Steuern: Abfallen

F: Schleudersturz

U **Gewicht zu weit vorn und auf vorderem Fuß**

v »Stelle Dich beim Abfallen in Schwertkastenhöhe auf das Brett! Belaste/beuge das hintere Bein!«

U **Mast zum Bug geneigt**

v »Neige den Mast in der Segelebene nach Luv!«

t Rigg führen,
jemanden in Richtung der Segelebene stellen und das Rigg auf ihn zuneigen lassen (Simulator)

U **Oberkörper nach vorn abgeknickt**

v »Laß den Oberkörper aufrecht!«

t Hüfte nach vorn drücken

U **Segel zu dicht geholt**

v »Hole nur so weit dicht, daß das Segel gerade nicht mehr killt!«

U **Vorderer Fuß vor dem Mast**

v »Beide Füße bleiben beim Abfallen hinter dem Mast. Je weiter, desto besser!«

t Fußstellung korrigieren.

F: Brett fährt trotz Luvneigung des Mastes geradeaus

U **Segel killt im Vorliek**
v »Hole das Segel dichter, bis das Vorliek nicht mehr killt!«
t unterstützen beim Dichtholen (Simulator)
Ü Abfallen aus dem Stand, ohne daß das Segel killt

Wende

F: Brett dreht nach dem Schritt vor den Mast nicht durch den Wind

U **Gabelbaumende ist nicht zum Wasser geneigt**
v »Neige das Gabelbaumende bis knapp über die Wasseroberfläche!«
U **Rigg zu nah am Körper**
v »Strecke die Arme!«
t Gabelbaumende herunterziehen
U **keine Kraft im Segel**
v »Lehne das Segel an den Wind an!« – »Schwenke das Segel über das Heck!«
Ü Wettfahrten, Bojenslalom

F: Halbe Drehung statt Wende

U **Statt deutlich anzuluven, wird die Segelhand zu früh losgelassen und vor den Mast gegangen**
v »Zuerst bis in den Wind anluven, dann erst Segelhand lösen und vor den Mast gehen!«
Ü Wettfahrten, Bojenslalom

F: Standschwierigkeiten nach dem Anluven

U **Fuß vor dem Anluven nicht vor den Mast gesetzt**
v »Setze den Fuß vor dem Anluven vor den Mast!«
t Bewegungsführung
U **Körper wird zu spät vor den Mast bewegt**
v »Gehe vor den Mast, sobald das Brett im Wind steht« – dabei Signal geben!
t Bewegungsführung
U **Rigg wird zu dicht am Körper geführt**
v »Neige das Gabelbaumende zum Wasser!«
t Gabelbaumende herunterziehen, Mast wegdrücken
Ü Wettfahrten, Bojenslalom

Halse

F: Brett dreht nach Lösen der Segelhand nicht weiter

U **Gabelbaumende zeigt nach oben**
v »Arm strecken!«
t Mast vom Körper wegdrücken
U **kein Druck im Segel**
v »Lehne das Segel an den Wind an!«
»Schwenke das Segel über den Bug!«
Ü Wettfahrten, Bojenslalom

F: Brett luvt nach Lösen der Segelhand wieder an

U **Mast behält nach dem Lösen der Segelhand nicht die Luvneigung, sondern wird über die Senkrechte zurückgekippt und das Schothorn wieder zum Wasser geneigt.**
v »Laß den vorderen Arm gestreckt (Masthand am Mast) und das Schothorn hoch. Greife erst um, wenn das Segel über den Bug geschwenkt hat!«
Ü Wettfahrten, Bojenslalom

Notstop ohne Kursänderung

F: Beim Backhalten Sturz vom Brett

U **Arme zu stark gebeugt oder gestreckt. Bewegung zu hastig ausgeführt.**
v »Arme beim Backhalten leicht gebeugt lassen, so als wenn du den Gabelbaum gegen den Wind schieben willst! Dosiere den Krafteinsatz. Versuche, den Gegendruck zu spüren!«
t Im Ellbogengelenk greifen, Winkelstellung und Körperhaltung korrigieren
U **Oberkörper aufrecht oder nach hinten geneigt**
v »Drücke mit Deinem Körpergewicht gegen den Segeldruck!«
t Oberkörper nach vorn drücken
Ü Wer kann sein Brett am schnellsten zum Stehen bringen?
Stoppen auf Zuruf, Stoppen möglichst nahe an einer Boje

Block V

Theorie

Atmosphärischer Wind (W_A)
Fahrtwind (W_F)
Relativer Wind (W_R)

Unerfahrene Surfer können die draußen auf dem Wasser herrschenden Windverhältnisse am Ufer selten richtig einschätzen. Die Folge: sie wählen ein zu großes Segel oder entfernen sich weit vom Ufer. Sie bringen dadurch sich und u.U. andere in Gefahr.
Fehleinschätzungen haben ihre Ursache vor allem darin, daß der Wind, den man am Ufer spürt, nicht derselbe ist wie derjenige, mit dem man sich auf dem Wasser fortbewegt. Dabei ist es an Land überhaupt nicht schwierig, den Wind sogar ziemlich genau zu bestimmen.

Die *Windrichtung* ist zu erkennen an wehenden Fahnen, sich biegenden Büschen oder Bäumen oder präzise an einer Kompaßrose.

Die *Windstärke* kann man einschätzen lernen anhand der Merkmale, wie sie in der Beaufortskala beschrieben werden, oder mit einem Windmeßgerät genau messen. Ein Meßgerät, z.B. das Anemometer, gibt die *Windgeschwindigkeit* in Meter pro Sekunde (m/s), Kilometer pro Stunde (km/h) oder Knoten (kn) an. Außerdem zeigt es die entsprechenden Werte für die Windstärke nach der Beaufort-Skala.

Merke: Der an Land festgestellte Wind ist der *atmosphärische Wind* (W_A). Er ist als physikalische Größe mit Betrag und Richtung durch einen Pfeil darstellbar.

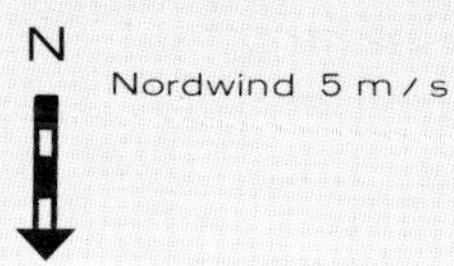

Voraussetzung für korrekte Messung der Geschwindigkeit des atmosphärischen Windes ist allerdings, daß sich das Meßgerät (Anemometer) *in Ruhe* befindet, der Beobachter sich selbst nicht bewegt.
Setzt sich z.B. der Beobachter bei absoluter Windstille mit dem Meßgerät in Bewegung, fangen die Windlöffelchen an, sich zu drehen, der Zeiger schlägt aus und zeigt Wind an, der an äußeren Beobachtungsmerkmalen keine Bestätigung findet. So rauscht kein Wind in den Bäumen, die Fahne hängt schlapp herunter, Rauch steigt senkrecht auf, das Wasser ist spiegelglatt. Selbst spüren kann man diese Art Wind, wenn man während einer Autofahrt bei Windstille die Hand aus dem Fenster oder dem Schiebedach hält. Da »bläst« es ganz schön, auch wenn das Tachometer erst 40 km/h anzeigt. Hält man bei diesem Tempo das Windmeßgerät aus dem Fenster, so zeigt es ebenfalls genau 40 km/h an.

Wie der atmosphärische Wind läßt sich auch der Fahrtwind als Pfeil darstellen, definiert durch Richtung und Betrag.

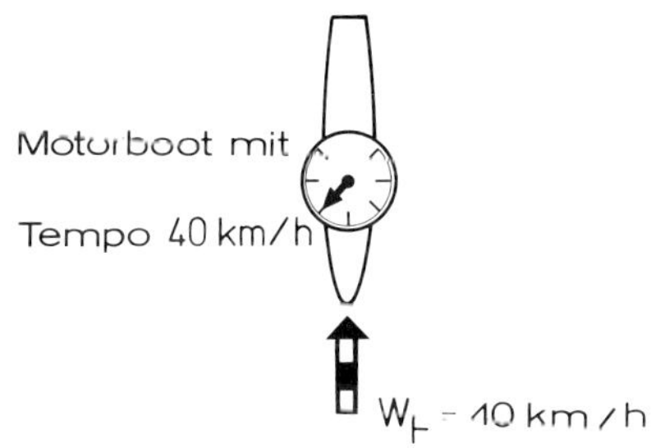

Motorboot mit Tempo 40 km/h = Fahrtwind von 40 km/h

Merke: Diese bei jeder Ortsveränderung (Fahrt) auftretende Winderscheinung wird *Fahrtwind* (W_F) genannt. Der Fahrtwind wirkt der Fahrtrichtung immer genau entgegen und entspricht der Fahrtgeschwindigkeit.

Relativer Wind

Interessant werden die Windmessungen während der Fahrt, wenn sie nicht bei Windstille, sondern bei bewegter Luft zustandekommen.

Beispiel A

Das Anemometer zeigt einen atmosphärischen Wind von 20 km/h an. Bewegt sich das Meßgerät nun – in der Hand eines Motorbootfahrers gehalten – dem atmosphärischen Wind mit konstanter Geschwindigkeit von 20 km/h entgegen, so zeigt die Nadel am Anemometer exakt auf 40 km/h.

Der an Bord spürbare Wind ist doppelt so stark wie der an Land herrschende Wind, da Fahrtwind *und* atmosphärischer Wind in dieselbe Richtung wirken.

Beispiel B

Das Anemometer zeigt vor dem Start wiederum einen atmosphärischen Wind von 20 km/h an. Der Wind kommt aus dem Norden.

Ein Motorboot fährt mit konstanter Geschwindigkeit von 20 km/h genau in Richtung Süden, also genau dahin, wo der Nordwind hinbläst.

Folge: atmosphärischer Wind (W_A = 20 km/h) und Fahrtwind (W_F = 20 km/h) heben sich gegenseitig auf. An Bord des Motorbootes ist kein Wind mehr spürbar, herrscht scheinbare Windstille. Die Windlöffelchen am Anemometer bleiben stehen. Der relative Wind ist gleich Null.

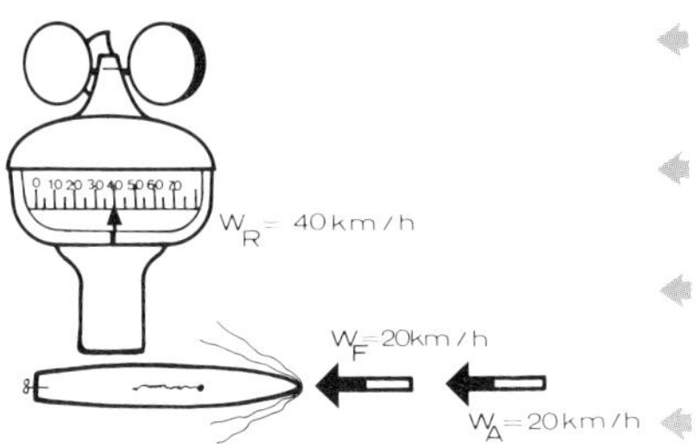

A Bei Tempo 20 km/h entspricht der W_F ebenfalls 20 km/h.
Bei Gegenwind (W_A) von 20 km/h ergibt sich der Meßwert von 40 km/h (relativer Wind)

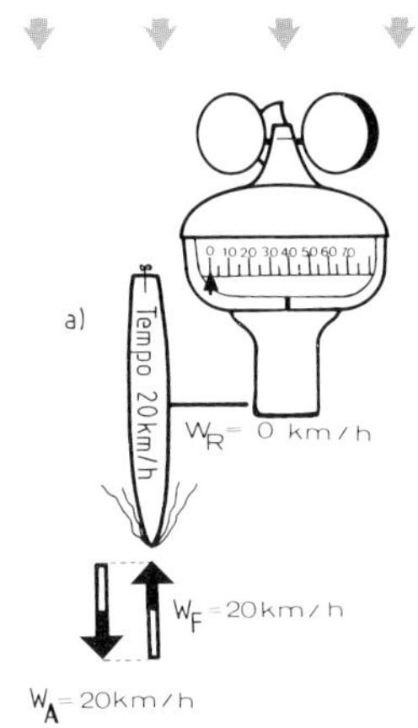

B Fahrtwind (20 km/h) und atmosphärischer Wind (20 km/h) heben sich gegenseitig auf. An Bord herrscht scheinbar Windstille (relativer Wind = 0)

Beispiel C
Anemometer (Windgeschwindigkeit) und Kompaß (Windrichtung) zeigen folgende Ausgangssituation: Atmosphärischer Wind mit 20 km/h aus **Norden**.
Ein Motorboot fährt mit konstanter Geschwindigkeit von 20 km/h Richtung **Osten**.
Fahrtwind und atmosphärischer Wind treffen schräg aufeinander.
Der an Bord spürbare Wind ist nach dem Start wesentlich stärker geworden, und er hat eine Richtung angenommen (Verklicker an Bord), die weder dem atmosphärischen noch dem Fahrtwind entspricht.

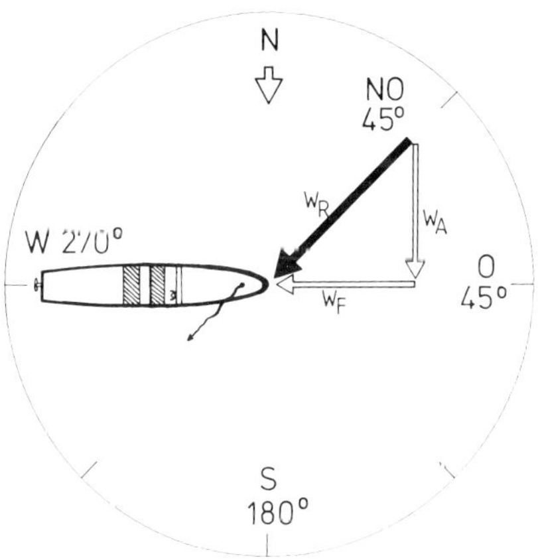

C Kam der Wind an Land mit 20 km/h aus Nord, kommt bei Fahrt mit 20 km/h in Richtung Osten der an Bord gemessene Wind (relative Wind) aus Nordost (45°).

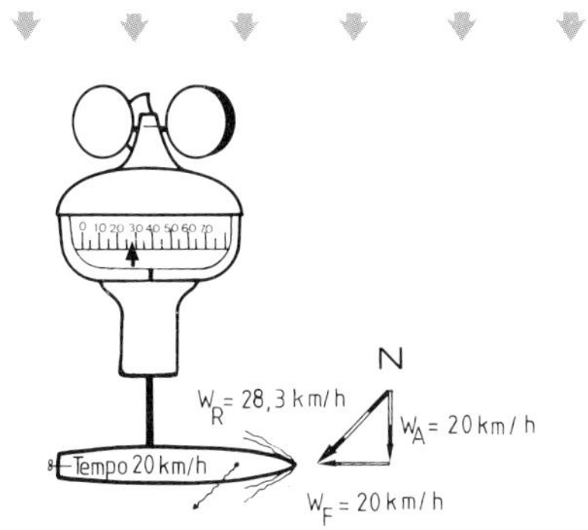

Obwohl der W_A nur von der Seite kommt, ergibt er als Diagonale im Kräfteparallelogramm mit dem Fahrtwind einen Betrag von über 28 km/h (relativer Wind).

Merke:
Der während der Fahrt spürbare Wind ist immer nur in bezug auf (relativ zu) Fahrtwind und atmosphärischem Wind zu definieren. Er heißt deshalb *relativer Wind* (W_R).

Die drei Beispiele haben gezeigt, daß der Wind, mit dem gesegelt oder gesurft wird, sich während der Fahrt auf dem Wasser je nach Fahrtrichtung und Fahrtgeschwindigkeit erheblich verändern kann. Ein leichter Wind an Land kann, wenn man gegen ihn auf dem Wasser Höhe gewinnen muß, hohe Anforderungen an die Kondition stellen. Andererseits kann ein an Land festgestellter frischer Wind bei einer Fahrt auf dem Wasser in die Richtung, wo er hinbläst, kaum wahrnehmbar werden. Um so größere Probleme entstehen dann, wenn man gegen einen solchen frischen Wind zurückkreuzen muß.

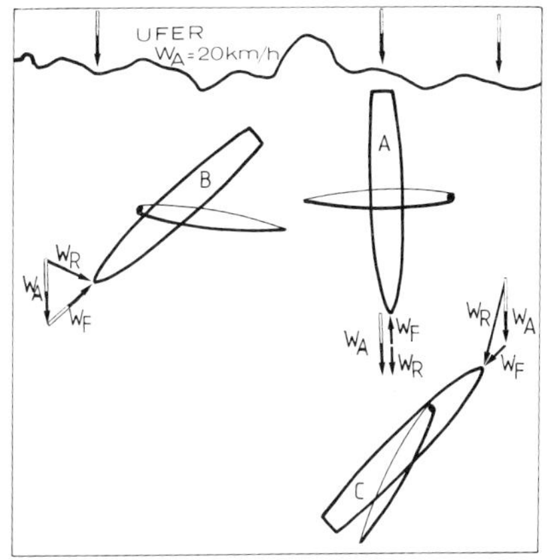

A Der atmosphärische Wind kommt vom Land mit 20 km/h. Bei 10 km/h Fahrtgeschwindigkeit reduziert sich der an Bord spürbare Wind (W_R) auf 10 km/h, weil atmosphärischer und Fahrt-Wind genau gegeneinander wirken.

B Auch auf einem Kurs, wo der atmosphärische Wind schräg von hinten kommt, wird der spürbare relative Wind (W_R) nur unwesentlich stärker oder gar geringer.

C Auf dem Weg zurück Richtung Land allerdings verstärkt sich der relative Wind (W_R) ganz erheblich im Vergleich zu den anderen, vorher eingeschlagenen Fahrtrichtungen.

Die Beispiele haben deutlich gemacht, warum nicht nur unerfahrene Surfer Schwierigkeiten haben, vom Land aus die Windverhältnisse richtig einzuschätzen. Auch fortgeschrittenen Surfern passiert es immer wieder, daß sie nach einem ersten Versuch ein kleineres Segel aufziehen müssen oder bei ablandigem Wind sich allzuweit vom Ufer entfernen und auf dem mühsamen Kreuzkurs zurück Hilfe beanspruchen.

Die Lehre aus der Tatsache, daß der relative Wind, »mit dem wir surfen«, fast doppelt so stark wie der an Land beobachtete werden kann, ist:

- zuerst ein kleineres Segel ausprobieren
- zuerst in Landnähe bleiben und den Wind prüfen
- Danach erst kann die Entscheidung für die richtige Segelgröße oder die Entfernung vom Ufer fallen.

Wie sich der relative Wind auf den verschiedenen Fahrtrichtungen verändert, zeigt die Übersicht auf S. 101. Der Einfachheit halber sind die Bedingungen idealisiert. So wird angenommen, daß der atmosphärische Wind und der Fahrtwind (identisch mit Fahrtgeschwindigkeit) auf allen Kursen konstant bleiben. In der Wirklichkeit nimmt der atmosphärische Wind zu (Böe) oder ab (Windloch), und das Fahrtempo wird dadurch beeinflußt.

Die »Windbegriffe« in der Übersicht

Begriff	*»gemessen« in*	*feststellbar oder beobachtbar mit Hilfe*	*dargestellt als*
Wind allgemein	Bft · m/s · km/h · kn	stationäre Meß- und Beobachtungshilfen an Land	Windsymbol auf der Wetterkarte Windfähnchen
Windrichtung	Himmelsrichtung, aus welcher er kommt	Kompaß, Beobachtung von Windfahnen, Rauch, fliegenden Haaren, sich biegende Bäume, Windrose	Fähnchen am Beobachtungspunkt, Richtungsfähnchen auf der Wetterkarte, Richtungspfeile
Windstärke	Beaufort (Bft) (für Bft gibt es keine physikalische Maßeinheit)	Beobachtung, abschätzen anhand äußerer Merkmale (Wellenbild, Sträucher, Bäume)	Fähnchen am Richtungsstrich auf der Wetterkarte $^1/_2$ Strich = ca. 1 Beaufort
Windgeschwindigkeit	m/s · km/h · kn	Windmesser (Anemometer)	Vektor
atmosphärischer Wind	m/s · km/h · kn	Windrichtung und Windgeschwindigkeit am festen Standort	Vektor
Fahrtwind	m/s · km/h · kn	Fahrtrichtung, festgestellt mit Kompaß, und Fahrtgeschwindigkeit (Tachometer, Log) entsprechen dem W_F in Richtung, nur entgegengesetzt zur Fahrtrichtung, u. Betrag	Vektor
Relativer Wind	m/s · km/h · kn	während der Fahrt bei Wind (W_A) mit Verklicker und Anemometer	Resultierender Vektor aus der Vektoraddition von atmosphärischem Wind (W_A) und Fahrtwind.

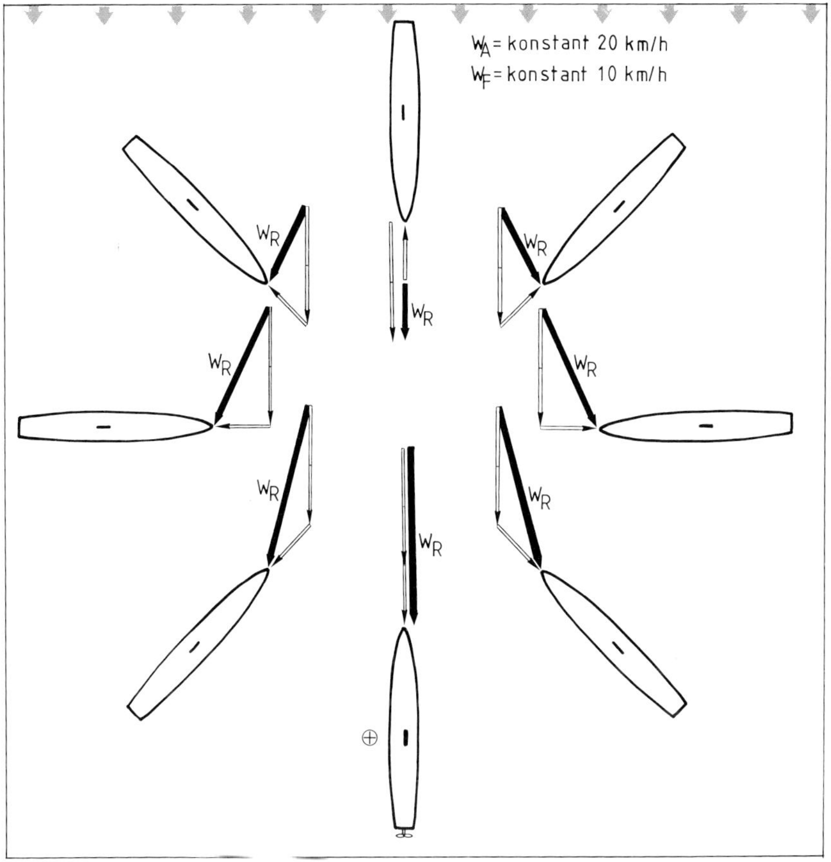

Die verschiedenen Fahrtrichtungen ergeben bei gleichbleibendem Nordwind (20 km/h) und einem Fahrtempo von 10 km/h sehr unterschiedliche, an Bord spürbare relative Winde.

Die Situation ⊕ ist ausnahmsweise nicht typisch für Surfen oder Segeln, weil eine Fahrt genau gegen den Wind aus eigener Kraft nicht möglich ist. Dies Boot ⊕ kann nur ein Motor- oder muskelbetriebenes Fahrzeug sein.

Auch wenn diese Aussagen unter vereinfachten Annahmen gemacht wurden (W_F und W_A konstant), kann für die Realität auf dem Wasser Allgemeingültiges festgestellt werden.

Merke:

- Der relative Wind fällt vorlicher, d.h. schräger von vorn, ein als der atmosphärische Wind. Ausnahmen: Fahrt genau gegen den Wind (Motorboot) und genau in Windrichtung mit dem Wind.
- Der Betrag des relativen Windes ist bei Fahrt gegen den Wind (Motorboot) am größten und bei Fahrt in die Richtung, wo der Wind hinbläst, am geringsten.

Strömungskräfte am Segel

Wenn sich Luftteilchen ungehindert fortbewegen, dann bewegen sie sich auf einer gradlinigen Bahn. Die Aufzeichnung einiger nebeneinander herlaufender Luftteilchen ergibt sogenannte Strömungslinien.

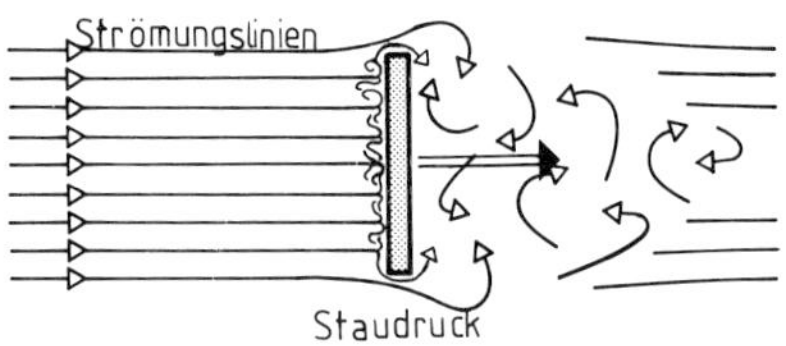

Wird in eine Luftströmung ein Hindernis gehalten, so müssen die auftreffenden Luftteilchen ihre Bahn ändern. Die Luft staut sich an der Vorderseite des Hindernisses, verwirbelt und drängt sich an beiden Seiten vorbei, um nach einiger Entfernung in ihrer ursprünglichen Bahn weiterzuströmen.

Merke: Die am Hindernis entstehende Kraft durch *Staudruck* wirkt immer in Strömungsrichtung der Luftteilchen (Wind) und ist abhängig von der Fläche, die der Strömung Widerstand entgegensetzt.

Um diese Abhängigkeit von Fläche und Druck selbst zu spüren, hält man die Hand flach oder quer aus dem Fenster eines schnell fahrenden Autos oder von einem sich bewegenden Boot ins Wasser.
Eine solche Kraft durch Staudruck entsteht an jedem »Körper«, der sich dem Wind in den Weg stellt. Der Wind staut sich und versucht, das Hindernis (z. B. ein Boot) in die Richtung zu drücken, wo er hinbläst.

Strömungsdruck und Auftrieb

Staudruck entsteht aber auch bereits, solange das Segel, am Mast gehalten, im Gabelbaum flattert. Dann staut sich die Luft lediglich an den geringen Flächen, die sich der Strömung entgegenstellen. Die Luft verwirbelt, die Kraft wirkt in Strömungsrichtung.

Mancher Surfer hat diese Kraft schon genutzt, wenn ihm der Wind zu stark, das Segel zu groß wurde und er das rettende Ufer mit über dem Bug flatternden Segel gerade noch erreichte.

Wenn das Segel aber durch leichtes Dichtholen sein besonders geformtes Profil ausbildet, entsteht eine Kraft, die sich in Größe und Richtung deutlich von der Kraft durch Staudruck unterscheidet: *die Strömungskraft.*

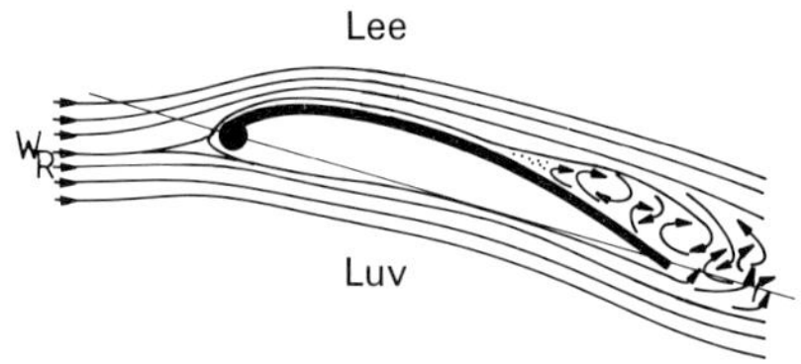

Die Luftteilchen strömen an dem profilierten Körper auf Grund seiner besonderen Form an Luv- und Leeseite mit unterschiedlicher Geschwindigkeit entlang: an der Leeseite schneller als an der Luvseite.
Die Strömungsbahnen werden durch das Segelprofil an der Rückseite umgelenkt und zusammengedrängt, die Luftteilchen beschleunigt. Sie müssen sich beeilen, um am Ende des Hindernisses rechtzeitig mit ihren Nachbarn wieder zusammenzutreffen, die an der Vorderseite des Segels einen kürzeren Weg hatten. Die Luftteilchen werden deshalb auf der Rückseite schneller fließen und auseinandergezogen. Dadurch entsteht ein Unterdruck, der als Strömungskraft immer senkrecht zur Strömungsrichtung wirkt. Da diese Erscheinung zuerst an den Tragflächen von Flugzeugen prak-

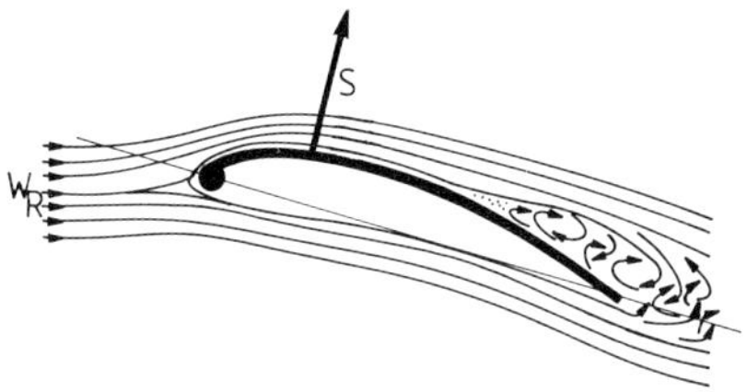

tisch genutzt und sehr weit erforscht wurde, hat sich auch in der Segelliteratur der in der Aerodynamik verwendete Begriff »Auftrieb« für »Strömungskraft« eingebürgert. Solange das Segelprofil senkrecht auf dem Brett steht und die Strömungskraft horizontal wirkt, ist die Gleichsetzung der Begriffe zumindest problematisch, da man unter »Autrieb« eine »aufwärts gerichtete« Kraft versteht.

Die Addition sämtlicher Kräfte am Segel ergibt die Segelgesamtkraft.

Der gedachte Kraftansatzpunkt der im Segel entstehenden Kräfte liegt etwa an der Stelle der größten Wölbungstiefe.

In diesem *Segeldruckpunkt* greift die Segelkraft an und ist etwa senkrecht zur Segelsehne – gedachte Verbindungslinie zwischen Vor- und Achterliek – gerichtet (vgl. Kap. Segeldruckpunkt).

Anstellwinkel

Ein in den Wind gehaltenes, flatterndes Segel, z. B. in der Grundstellung, entwickelt nur geringe Kraft. Es bietet dem Wind wenig Angriffsfläche. Erst wenn es leicht dichtgeholt wird, etwas schräg an den Wind gestellt wird, entfaltet es seine ganze Wirkung. Das Profil hat sich ausgebildet, an dem die Luftteilchen an Vor- und Rückseite entlangströmen können.

Der zwischen Strömungsrichtung des Windes und der Segelsehne entstehende Winkel ist der *Anstellwinkel.*

Die Größe des Anstellwinkels, also um wieviel ein Segel dichtgeholt werden muß, bis sich das Profil ausbildet, ist abhängig vom Segelschnitt. Er variiert zwischen 10° und 20°.

Segelschnitt

Unter Segelschnitt versteht der Segelmacher die in das Tuch eingearbeitete Wölbung (Bauch, Profil). Die Bahnen der konventionellen Segel werden zum tiefsten Punkt hin breiter geschnitten. Dadurch entstehen, je nach Wunsch, flach oder bauchig ausgebildete Segel. Die durch tiefere Wölbung größere Fläche wirkt sich vor allem bei leichtem Wind und auf Kursen aus, bei denen das Segel quer in den Wind gehalten

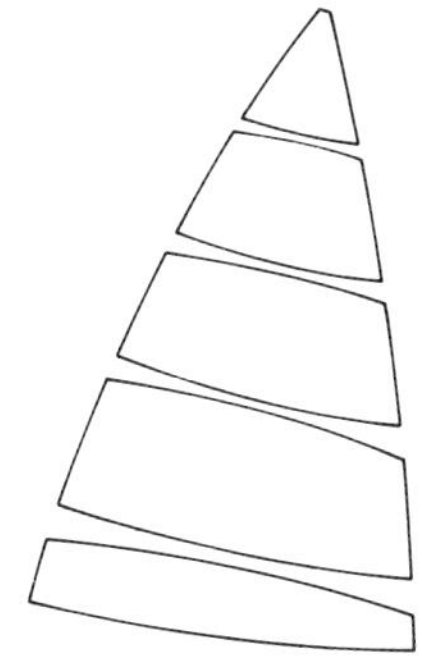

werden kann, also durch Staudruck die Segelkraft erzeugt wird. Bei wenig Wind reißt die Strömung an der Rückseite des Segels nicht so leicht ab, sie läßt sich leichter umlenken als bei starkem Wind.

Ein bauchig geschnittenes Segel muß allerdings weiter dichtgeholt werden als ein flaches. Der Anstellwinkel wird größer. Um die Kraft im Segel für den Vortrieb zu nutzen, muß der Surfer mit bauchigem Segel auf Kursen mit maximaler Höhe abfallen. Er kann nicht dieselbe Höhe erreichen wie ein Surfer mit flach geschnittenem Segel.

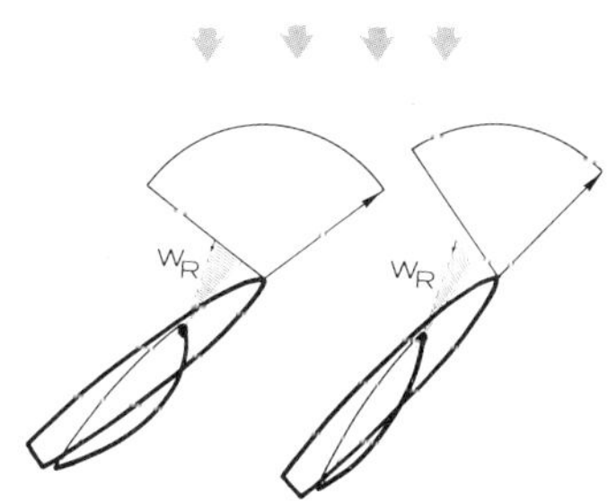

Erkenntnisse für die Praxis:

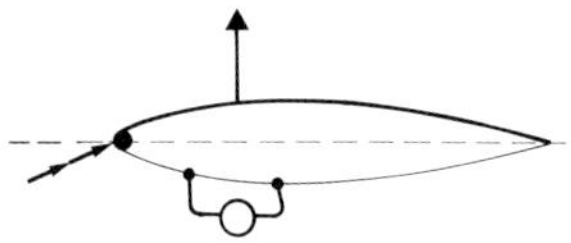

Flacher Schnitt:
weniger Querkraft, weniger Haltekräfte in Händen und Armen,
mehr Vortrieb bei viel Wind

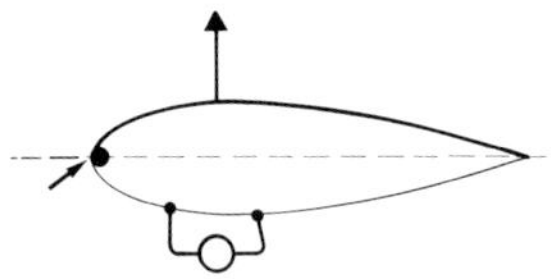

Bauchiger Schnitt:
mehr Segelkraft aus wenig Wind,
mehr Haltekraft bei viel Wind,
mehr Querkraft bei viel Wind

Je stärker der Wind, desto flacher sollte das Segel sein

je schwächer der Wind, desto bauchiger das Segel

beim Höhelaufen gegen den Wind sind flache Segel günstiger

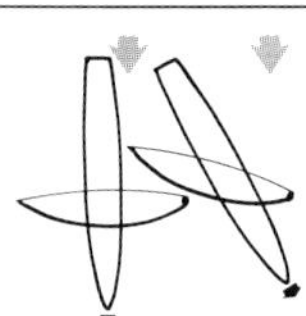

vor dem Wind und auf raumen Kursen sind bauchige Segel günstiger

Segeltrimm

Das Spannen des Segels am Mast und im Gabelbaum bezeichnet man als »Trimmen«. Als Trimmvorrichtung dienen der *Vorliekstrecker* am Mast und die *Trimmschot* am Gabelbaum.
Seriensegel lassen durch ihre Tuchqualität und ihren Schnitt, also durch die ins Tuch eingearbeitete Wölbung, nur *einen* optimalen Trimm zu. Diesen findet jeder selbst heraus, wenn er das Segel mit Vorliekstrecker und Trimmschot so straffzieht, daß alle Längs- und Querfalten gerade verschwinden.
Über diesen optimalen Trimm hinaus kann ein Segel nur noch flacher gespannt werden, indem zuerst der Vorliekstrecker nachgezogen, dann die Trimmschot noch weiter als eigentlich notwendig dichtgeholt wird. Auf diese Weise kann man sich helfen, wenn der Wind unvorhergesehen zunimmt, kein flacheres Segel zur Hand ist, die Kräfte geschont werden sollen, oder wenn es gegen den Wind um Höhe geht. *»Übertrimmen«* strapaziert aber das Material. Es ist eine Notlösung.

Das Trimmen wird grundsätzlich an Land vorgenommen. Entsprechend der Einschätzung der Windverhältnisse, der Windentwicklung und dem Schnitt des Segels wird es »optimal« oder straffer gespannt.
Erfahrene Surfer prüfen nach dem

Trimmen schon an Land, ob das Segel richtig steht. Sie stellen den Mastfuß auf den Boden, holen das Segel auf und holen dicht, um zu kontrollieren, ob die Falten vor allem am Vorliek verschwinden.

Damit der Trimm sich auf dem Wasser nicht unbeabsichtigt verändert – z. B. durch häufiges Stürzen und Aufholen des Segels – werden Vorliekstrecker und Trimmschot mit halbem Schlag und Achtknoten ganz am Ende der Tampen gesichert. Dabei verhindert der Achtknoten lediglich, daß die Tampen durch die Klemmen rutschen.

Das Umtrimmen auf dem Wasser versuchen auch Regattafahrer während der Wettfahrten immer seltener. Es kostet sehr viel Aufmerksamkeit und bringt Unsicherheit (Balanceprobleme) auf dem Brett. Unbedingt notwendig aber wird das Trimmen auf dem Wasser, wenn sich Trimmschot oder Vorliekstrecker gelöst haben, oder wenn man vor Nervosität und Vorfreude das Trimmen an Land vergessen hat. Häufig genug ist ein gar nicht oder falsch getrimmtes Segel Ursache dafür, daß Anfänger ihr Ziel nicht erreichen. Da helfen keine Tips für die Haltung auf dem Brett und die Fußstellung. Zuerst muß das Rigg in Ordnung gebracht werden:

- Mastfuß herausziehen
- Gabelbaumende zum Körper ziehen
- Schothorn mit einer Hand greifen
- Gabelbaumende gegen die Brust stemmen
- Trimmschot mit der anderen Hand greifen
- Schothorn wird zum Körper, Trimmschot Richtung Klemme gezogen
- Trimmschot an Gabelbaum drükken, mit beiden Händen durch die Klemme ziehen und sichern.

Damit sich das Segel beim Trocknen nach dem Gebrauch nicht verzieht, muß es an Land gleich entspannt werden. Dazu wird die Trimmschot gelöst. Dies hat zusätzlich den Vorteil, daß das Rigg nicht vom Wind erfaßt werden kann und dadurch andere Surfer oder Badegäste am Strand nicht gefährdet.

Erkenntnisse und Hinweise für die Praxis:

- optimal trimmen heißt: gerade so straff spannen (Vorliekstrekker, Trimmschot), daß Falten am Vorliek verschwinden
- bei viel Wind stärker spannen als für den Schnitt des Segels eigentlich notwendig: Segel wird flacher (Notmaßnahme)
- Segel an Land trimmen und vor dem Start überprüfen
- nach mehreren Stürzen den Trimm überprüfen
- Segel nach Gebrauch, auch bei kleinen Pausen an Land, sofort entspannen. Trimmschot und Vorliekstrecker lösen.

Segeldruckpunkt

Die auf jeden Quadratzentimeter des Segeltuches wirkenden Strömungskräfte addieren sich zur Segelgesamtkraft. Dieser aus »Auftrieb« und Reibungskräften resultierende Vektor wirkt etwa senkrecht zur Segelsehne und greift im sogenannten Druckpunkt des Segels an.

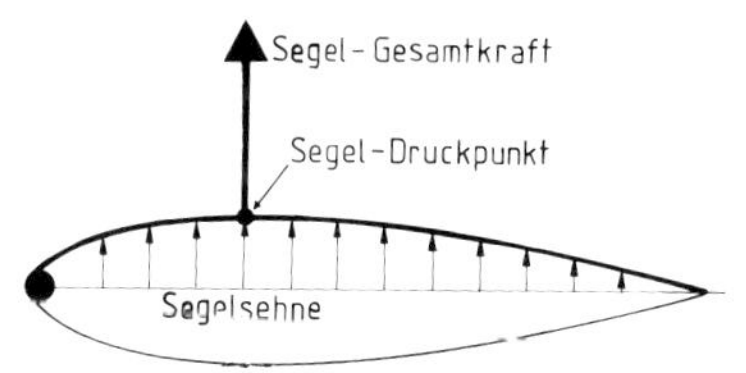

Der Druckpunkt liegt im vorderen Drittel, in der tiefsten Stelle des Profils und meist etwas über der Höhe des Gabelbaums. Während der Fahrt läßt sich die Lage in Strömungsrichtung leicht ermitteln. Dort, wo *eine* Hand das Rigg am Gabelbaum ruhig halten kann, greift die Segelkraft an.

Dieser Druckpunkt bleibt natürlich nicht in seiner Lage stabil. Das Rigg ist keine starre Konstruktion wie eine Tragfläche vom Flugzeug. Der flexible Mast vor allem ist dafür verantwortlich, daß sich das Profil laufend verändert. Der Druckpunkt wandert – bei einer Böe z.B. und Biegung des Masts – Richtung Achterliek und wieder zurück, wenn der Mast seine ursprüngliche Biegung wieder annimmt.

Lateraldruckpunkt

Ähnlich wie am Segelprofil entstehen bei der Fahrt durch das am Unterwasserschiff entlangströmende Wasser Kräfte. Es sind vorwiegend sich der Fahrt voraus und nach der Seite widersetzende Kräfte, die durch Reibung, Stirnwiderstand und seitlichen Flächenwiderstand entstehen. So verhindert die gesamte vom Wasser benetzte seitliche Fläche, daß das Brett quer zum Wind abtreibt.
Alle unter Wasser wirkenden Kräfte addieren sich vektoriell zur Widerstandskraft und wirken bei gleichbleibender Geradeausfahrt in die entgegengesetzte Richtung wie die Segelkraft.
So wie die Segelgesamtkraft im Segeldruckpunkt ansetzt, gibt es einen gedachten Punkt am Unterwasserschiff, in dem die resultierende Unterwasserkraft angreift. Dieser *Lateraldruckpunkt* verändert seine Lage ähnlich wie der Segeldruckpunkt. Je nach Standort des Surfers weiter vorn oder hinten auf dem Brett, nach Wahl des Schwertes und der Finne und je nach dem, wie weit sich das Brett während der Fahrt aus dem Wasser hebt oder eintaucht, wandert der Lateraldruckpunkt auf der Längsachse vor und zurück oder bei Belastung der Kante auch auf der Querachse zur Seite.
Der Lateraldruckpunkt läßt sich ähnlich einfach wie der Segeldruckpunkt in der Praxis ermitteln.
Ein im Wasser schwimmendes Surfbrett ohne Rigg, mit senkrecht ausgeklapptem Schwert und Finne wird seitlich weggedrückt. Weicht das Brett nicht mehr Richtung Bug oder Heck aus, sondern behält beim seitlichen Schub seine Lage, liegt in Höhe der Krafteinwirkung auf der Querachse der Lateraldruckpunkt. Um zu sehen, wie der Lateraldruckpunkt, bei Gewichtsbelastung weiter vorn oder hinten auf dem Brett, seine Lage verändert, kann der Versuch mit Rigg und einem Surfer in der Grundstellung, mit Position der Füße einmal weit vor oder weit hinter dem Mast, durchgeführt werden. Bei einem sog. Allroundbrett liegt der Lateraldruckpunkt während der Fahrt etwa im vorderen Drittel des Schwertkastens.

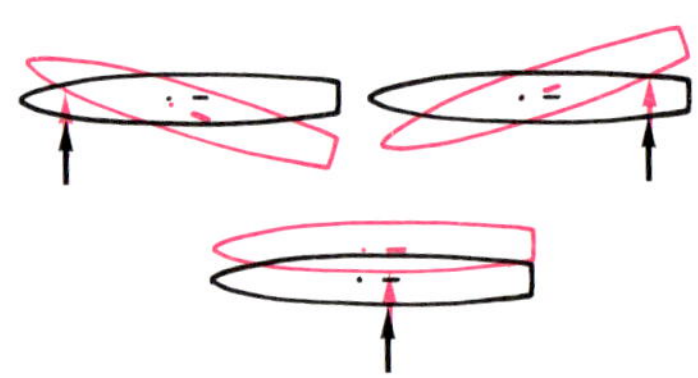

Darstellung der Kräfte

Die Widerstandskraft greift im Lateraldruckpunkt am Unterwasserschiff, die Segelkraft im Segeldruckpunkt an. Richtung und Größe der auf das Surfbrett wirkenden Kräfte lassen sich am besten in der Draufsicht zeigen. Hierzu kann man sich das Segel in Höhe des Segeldruckpunktes parallel zum Gabelbaum »durchgeschnitten« denken.
Das Brett fährt bei gleichbleibender Geschwindigkeit geradeaus, wenn die beiden in entgegengesetzte Richtung wirkenden Kräfte genau auf einer gemeinsamen Wirkungslinie liegen.

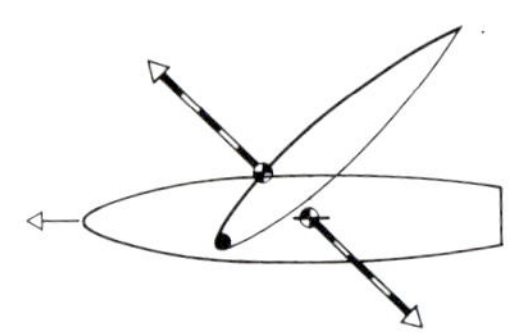

Brett fährt geradeaus bei gleichbleibender Geschwindigkeit: Die Kraftpfeile von Segelkraft und Widerstandskraft sind gleichlang und liegen auf einer Linie (Wirkungslinie).

Querkraft und Vortrieb

Die im Segel durch Windströmung und Winddruck entstehende Segelkraft läßt sich nicht in vollem Betrag für den Vortrieb nutzen. Nur wenn das Segel genau quer zur Fahrtrichtung und quer zum Wind gehalten wird, kann die Segelkraft in vollem Umfang für den Vortrieb genutzt werden, denn sie wirkt genau in Fahrtrichtung (Vorwindkurs).

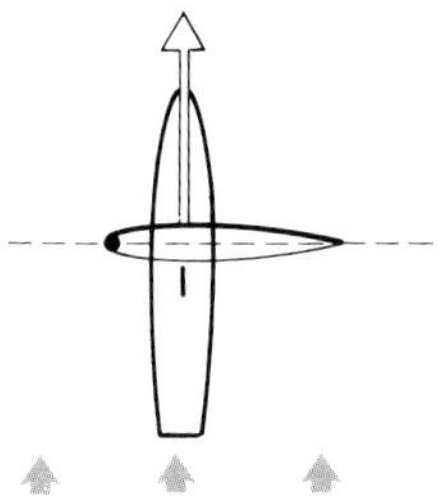

Bei allen anderen Fahrtrichtungen wirkt die Segelkraft nicht nur nach vorn, sondern auch seitlich. Das bedeutet, daß die Segelkraft dann nicht nur *Vortrieb,* sondern auch seitlich gerichtete *Abdrift* bewirkt.
Es ist naheliegend, daß die Abdrift beim Surfen unerwünscht ist, zumal der Anteil der Gesamtkraft, der in Abdrift umgesetzt wird, auf Kosten des verfügbaren Anteils für den Vortrieb geht. D.h. je mehr Querkräfte am Segel wirken, desto langsamer wird das Brett.

Merke:
- Zum Verständnis der Gesamtwirkung der Segelkraft kann sie in 2 Teilkräfte zerlegt werden: in *Vortrieb* und *Querkraft.*

Bei diesen Überlegungen sollte man sich darüber im klaren sein, daß die Aufteilung der Segelkraft in Vortriebskraft und Querkraft als Vorstellungshilfe dient. Keinesfalls kann jedoch die Meinung gelten, aus Vortriebskraft und Querkraft ergebe sich die gesamte Segelkraft. Erst umgekehrt »wird ein Schub daraus«.

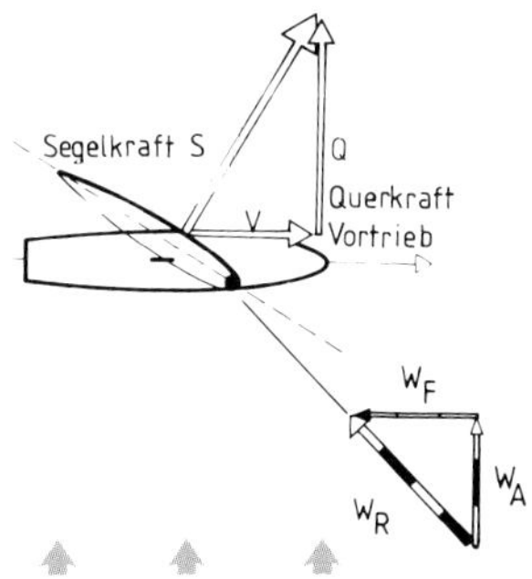

Die *Vortriebskraft* wirkt in Richtung der Brettlängsachse und ist verantwortlich für die Geschwindigkeit des Brettes.
Die *Querkraft* wirkt im rechten Winkel zur Brettlängsachse und ist ausschlaggebend für das seitliche Abweichen vom Kurs, für die Abdrift.
Wird die *Segelstellung* verändert (der Winkel zwischen Segel und Brettlängsachse), ändert sich auch die Wirkungsrichtung der Gesamtkraft, sie bleibt jedoch im Betrag konstant. Das Verhältnis der Teilkräfte (Querkraft und Vortrieb) zueinander verschiebt sich allerdings.

Merke:
- Bei *dichtgeholtem* Segel (spitzer Winkel zwischen Segel und Brettlängsachse) wird der Betrag der Querkraft größer, der Vortrieb geringer.
- Bei *offenem Winkel* zwischen Segel und Brett – natürlich mit voll stehendem Segel – wird der Betrag der Querkraft geringer, der Vortrieb größer.

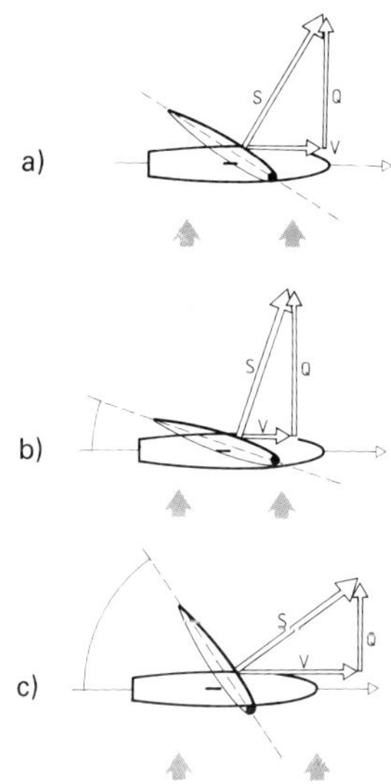

Je nach der Segelstellung zum Brett wird die Segelgesamtkraft (S) mehr für den Vortrieb (V) bzw. für die Querkraft (Q) wirksam. Ein bis zur Leekante des Brettes dichtgeholtes Segel (Abb. b) erzeugt starke Querkräfte, die für entsprechende Abdrift vom Kurs sorgen.

Die Beispiele zeigen:
Je größer der Winkel zwischen Brettlängsachse und Segelsehne, desto größer wird die Vortriebskraft. Je kleiner der Winkel zwischen Brettlängsachse und Segelsehne, desto größer die Querkräfte.

Für die Praxis heißt dies:
Wenn ich mein Segel sehr dichtholen muß, damit es richtig zum Wind (relativen Wind) angestellt ist, nimmt die Abdrift zu und der Vortrieb wird geringer.
Wenn ich mein Segel weiter auffieren kann, ohne daß es hinter dem Vorliek killt, nimmt die Fahrtgeschwindigkeit zu und die Abdrift wird geringer. Vorausgesetzt ist natürlich, daß die Segelkraft jeweils gleich groß ist.

Optimale Segelstellung

Soll ein Segel seine Kraft voll entfalten, muß es zuerst einmal richtig getrimmt sein (vgl. Kap. »Trimm«). Unnötige Verwirbelungen verhindern ein optimales Anliegen der Strömung: die Segelkraft verändert sich in Betrag und Richtung.
Der Trimm ist anhand von äußeren Kriterien verhältnismäßig leicht zu überprüfen. Die Windströmung am Segel ist dagegen nicht sichtbar. Es müssen daher Hilfsmerkmale herangezogen werden, um das Segel während der Fahrt immer richtig an den Wind anzustellen.
Wie oben gezeigt wurde, hat die Größe des Winkels zwischen Segel und Brettlängsachse Auswirkung auf das Verhältnis von Vortrieb und Querkraft – also letztlich auf Fahrtgeschwindigkeit und Abdrift.
Bei gleichbleibendem Wind auf einem konstanten Kurs bewirkt ein *zu dicht* geholtes Segel, daß die Segelgesamtkraft mehr quer zur Fahrtrichtung wirkt:
die Abdrift wird größer, das Brett fährt langsamer oder bleibt sogar stehen.

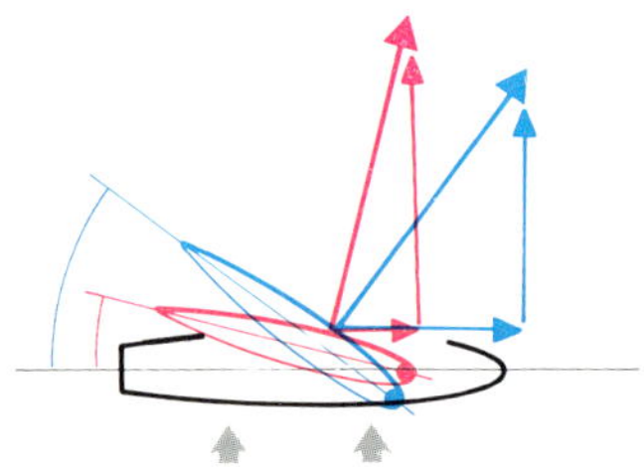

Bei übermäßig dichtgeholtem Segel wird der Vortrieb geringer, da die Querkräfte deutlich angewachsen sind.

Daher wird ständig überprüft, ob das Segel nicht zu dicht gehalten wird, indem man es in den Grenzbereich zwischen »Flattern« und »Stehen« bringt.
Nach vorsichtigem Auffieren, bis das Vorliek zu killen beginnt, wird es soweit dichtgeholt, bis das Segel gerade wieder richtig gefüllt ist.
Schwierigkeiten entstehen vor allem dadurch, daß man die Windströmung am Segel nicht sehen kann. Erfahrene Surfer helfen sich in der Weise, daß sie möglichst nahe und in gleichem Abstand links und rechts von der Wirkungslinie der Segelgesamtkraft den Gabelbaum greifen und darauf achten, *daß die ziehende Kraft auf beide Hände gleich verteilt ist.*

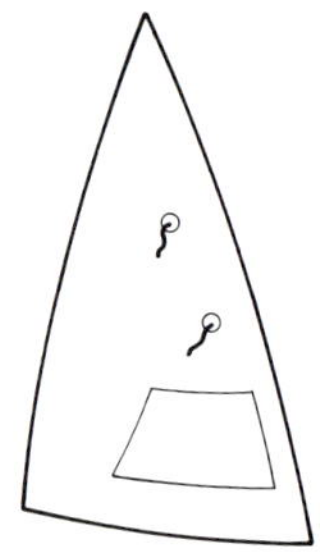

Verschiedene Segelhersteller bringen im oberen Drittel des Segels auf beiden Seiten sogenannte Windfädchen an. Sie können zusätzlich helfen, die Stellung eines umströmten Segels optimal einzurichten. Liegen die Fädchen nach dem Dichtholen parallel zum Segel ruhig an, so liegt die Strömung ebenfalls an, das Segel arbeitet optimal.
Nun haben diese Windfädchen aber einige Nachteile. Abgesehen davon, daß sie meistens zu weit vorn im Segel eingenäht sind, können sie zumindest an der Luvseite kaum richtige Informationen geben. Durch die dicke Anströmkante beim Surfsegel

kommt es hinter dem Mast in Luv zu recht starken Verwirbelungen, die ein Anliegen der Windfädchen verhindern. Die Fäden an der Leeseite sind nur zu erkennen, wenn sie auf einem kleinen Fenster angebracht sind. Lediglich bei weißem Tuch ist ein Faden in Lee auch ohne Sichtfenster zu erkennen.
Es kommt hinzu, daß die Fäden in nassem Zustand nicht mehr zuverlässig und empfindlich genug reagieren. Außerdem beeinträchtigt das konzentrierte Beobachten der Windfäden mit Blick ins Segel die Aufmerksamkeit für Fahrtrichtung, Gelände und den Schiffsverkehr und damit die Sicherheit auf dem Wasser allgemein.
Die Informationen optischer und akustischer Art aus dem *Vorliek* des Segels und vor allem die *Empfindungen* über die Hände bei der Arbeit mit dem Segel können mechanische und störanfällige Strömungskontrollen leicht ersetzen, ohne die Sicherheit zu gefährden.

Merke:
- Segelkraft gleichmäßig auf beide Hände verteilen.
- Je dichter die Hände am Gabelbaum beieinander greifen, desto feinfühliger und wirkungsvoller kann die Segelstellung angepaßt werden.
- Segel nur soweit dichtholen, bis es gerade aufhört zu killen.

Fußstellung und Gewichtstrimm

Die Füße stehen, in Fahrtrichtung gesehen, immer beide hinter dem Mast. Das Gewicht liegt hauptsächlich auf dem stärker gebeugten hinteren Bein, das vordere Bein ist gestreckt. Beide Füße sind etwas nach vorn gedreht, um das Öffnen des Oberkörpers und den Blick in Fahrtrichtung zu erleichtern, ohne daß sich der Körper verdrehen muß.
Als allgemeine, für jeden Kurs und für jede Segelstellung anwendbare Regel gilt, daß die Füße immer etwa im rechten Winkel zur Segelsehne auf dem Brett stehen.
Damit wird es notwendig, bei Änderung des Winkels zwischen Brett und Segel die Fußstellung zu korrigieren.
Die Füße stehen möglichst nahe beieinander und, entsprechend der Fahrtgeschwindigkeit, näher zum Mast oder hinter dem Schwertkasten.
Nur bei der Wende müssen beide Füße kurzfristig vor den Mast treten. Bei allen anderen Situationen und Manövern kann es heißen:

- je weiter hinten auf dem Brett, desto besser und desto geringer die Gefahr eines Schleudersturzes;
- je höher die Fahrtgeschwindigkeit, desto weiter wandert die Standposition zum Heck.

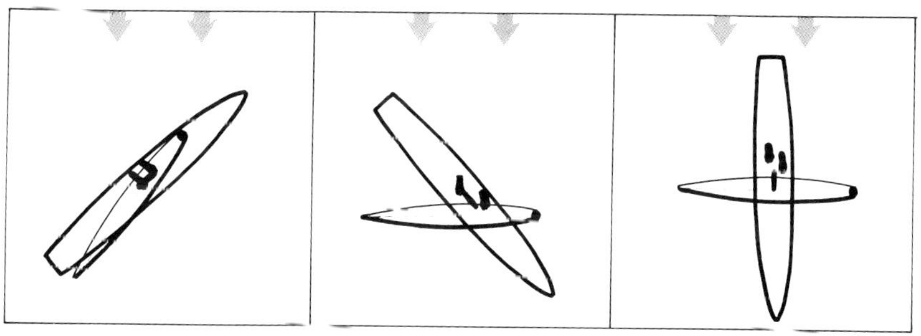

Die Fußstellung paßt sich der Stellung des Segels zum Brett an. Die Füße zeigen immer etwa senkrecht auf die Segelsehne.

Abdrift, Schwert und Finne

Nach Zerlegung der Segelkraft in Vortrieb und Querkraft tritt jene Kraft zutage, die für das seitliche Abdrängen von der geplanten Fahrtrichtung in der Hauptsache verantwortlich ist.
Zwar setzt das Brett der Querkraft mit allem, was ins Wasser eintaucht, einen Widerstand entgegen. Dieser reicht aber nicht vollends aus, um das Brett »auf Kurs« zu halten. Solange in Querrichtung eine Kraft wirkt, wird sie das Brett mehr oder weniger nach Lee versetzen. Ein langes Schwert und ein Brett, das möglichst in voller Länge ins Wasser eintaucht und auch bei höherer Geschwindigkeit eingetaucht bleibt, können den seitlichen Widerstand (Lateralkraft) erhöhen, das Abdriften zur Seite vermindern.
So ist es zu erklären, daß Surfbretter mit rundem oder angekieltem Unterwasserschiff, die das Wasser zerteilen oder verdrängen (deshalb »Verdränger«), ohne sich herauszuheben, der Abdrift den meisten Widerstand entgegensetzen und deshalb viel Höhe gegen den Wind gewinnen.
Typische Gleiter, die sich schon bei geringer Geschwindigkeit vorn aus dem Wasser heben, die auf das Schwert verzichten, stattdessen eine oder zwei weitere Finnen verwenden, haben der Querkraft weniger Widerstand entgegenzusetzen. Sie können allerdings den Nachteil, wegen der größeren Abdrift weniger Höhe zu laufen, durch höhere Geschwindigkeit ausgleichen (Luvgeschwindigkeit). Die *Finne* bei einem mit Schwert ausgerüsteten Surfbrett bietet zusätzliche Lateralfläche, also seitlichen Widerstand, sorgt aber darüberhinaus noch für stabile Geradeausfahrt. Eine *große* Finne erschwert also das Kurvenfahren, damit auch das Anluven, Abfallen, Wenden und Halsen. Eine *kleine* Finne dagegen erleichtert die Manöver, sorgt aber für Schwierigkeiten beim Einhalten der Fahrtrichtung.

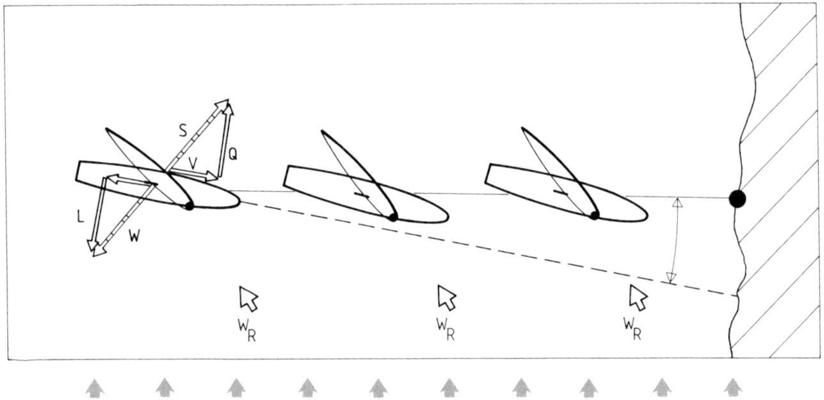

Der Querkraft (Q) setzt sich der seitliche Widerstand, die Lateralkraft (L) entgegen.
Durch die zur Seite wirkende Querkraft entsteht ein Winkel zwischen geplantem und erreichtem Kurs: das ist die Abdrift.
Der Bug zeigt in eine andere Richtung, als das Brett in Wirklichkeit fährt. Die voraussichtlich wirkende Abdrift wurde »vorgehalten«, das angestrebte Ziel trotz Abdrift erreicht.

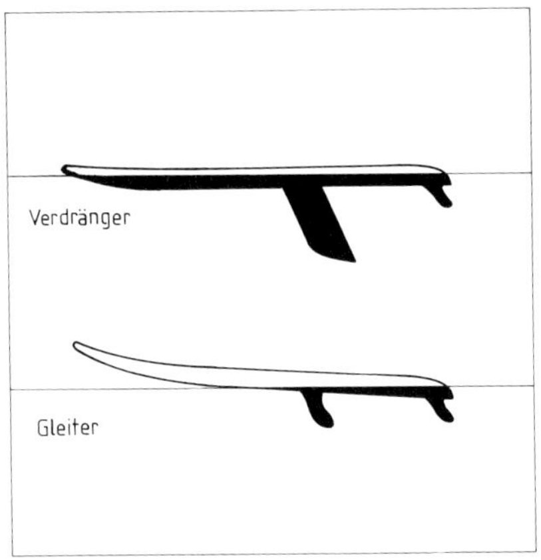

Aus der Seitenansicht ist die gesamte Fläche erkennbar, die einer seitlich wirkenden Kraft Widerstand entgegensetzt.

Auf Kursen und mit Brett-Typen, bei denen mit viel Abdrift zu rechnen ist, wird beim Ansteuern eines Fahrtzieles die geschätzte Abdrift einkalkuliert und *»vorgehalten«*, d.h. man steuert das Fahrtziel höher an, als in direkter Linie notwendig wäre.

Merke:
- große Finne = hohe Richtungsstabilität
- kleine Finne = hohe Wendigkeit
- Verdränger = hoher seitlicher Widerstand = viel Höhe gegen den Wind = hohe Kursstabilität
- Gleiter = wenig seitlichen Widerstand = größere Abdrift = weniger Höhe gegen den Wind = geringere Kursstabilität
- dichtgeholtes Segel = größere Querkraft = mehr Abdrift

Abdrift durch Strömung

Strömungen in Flüssen und in Tidegewässern bereiten dem Surfer zusätzliche Probleme. Die entstehenden Gefahren sind erheblich, wenn Windkraft und Strömungskräfte in dieselbe Richtung wirken. Ebbe (ablaufendes Wasser), zusammen mit ablandigem Wind, können an der Küste bereits lebensgefährliche Situationen herausfordern. Aber auch an Binnengewässern entstehen Oberflächenströmungen, welche bei Zielfahrten immer wieder zu Überraschungen führen, wenn man vergißt, sie zu berücksichtigen. Bei anhaltend konstantem Wind aus einer Richtung setzt sich die Wasseroberfläche allmählich in Windrichtung in Bewegung. Wellen bauen sich quer zum Wind auf, d.h. der Wind schiebt die Wellenberge vor sich her. Durch Änderung der Windrichtung oder in die Wasserfläche ragende Uferformationen kann die Strömung an der Wasseroberfläche abgelenkt werden, so daß sie nicht mehr mit den

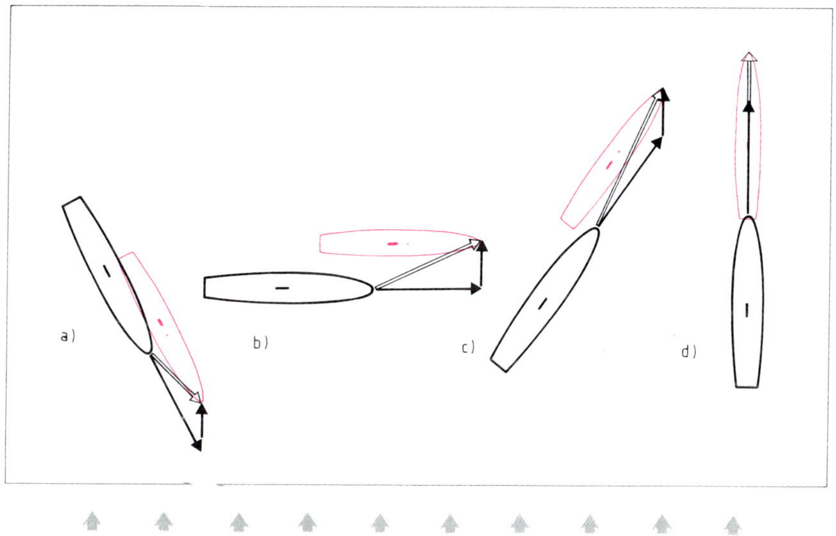

Die Fahrt voraus wird in Richtung und Geschwindigkeit von einer im Wasser herrschenden Strömung beeinflußt. Den größten Vorteil durch die Strömung hat das Brett d), den größten Nachteil Brett a). Die Fahrt wird schneller, ohne daß der Kurs leidet (d) bzw. die Fahrt wird langsamer (a–c), und das Brett wird von der Strömung Richtung Lee von der geplanten Richtung versetzt.

herrschenden Windverhältnissen übereinstimmt. Ihr Einfluß auf die Fahrtrichtung bleibt, wird aber schwerer einzuschätzen. Je nach Fahrtrichtung gegen bzw. mit Strömung und Welle wirken sich die entstehenden Kräfte positiv oder negativ auf Fahrtrichtung und Geschwindigkeit aus.

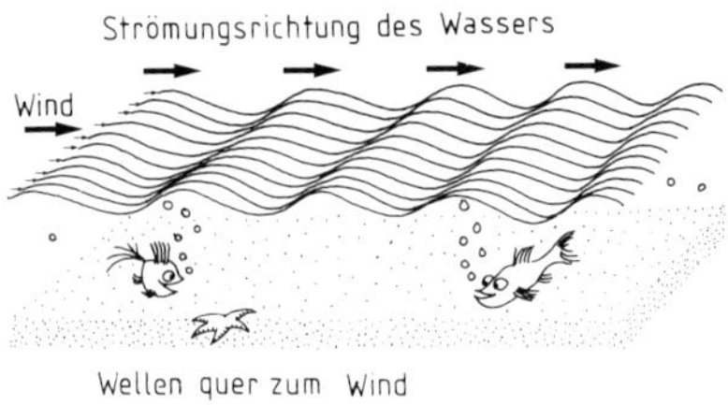

Steuerung

Die am Unterwasserschiff angreifenden Widerstandskräfte haben ihren Kraftansatzpunkt im *Lateraldruckpunkt,* die im Segel angreifenden Windkräfte im *Segeldruckpunkt.* Es wurde schon gezeigt, daß durch Darstellung in der Draufsicht Größe und Richtung der Kräfte anschaulich gemacht werden können. Das Surfbrett fährt mit gleichbleibender Geschwindigkeit geradeaus, wenn Segelkraft und Widerstandskraft auf einer Wirkungslinie liegen und im Betrag übereinstimmen.

Alte Darstellung in Seitenansicht

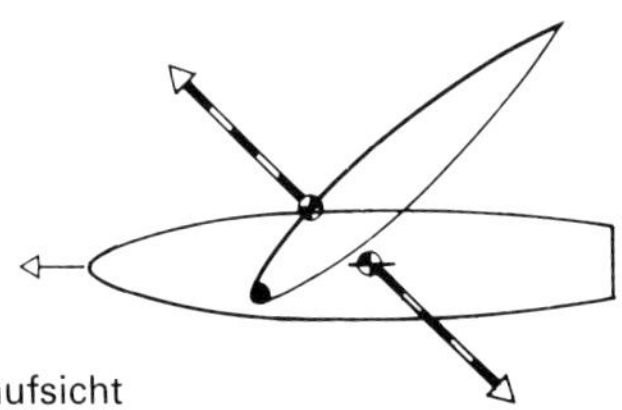

Draufsicht

Wird das Rigg in Richtung der Segelkraft, ohne Veränderung der Segelstellung, zur Leeseite gebracht, verändert sich lediglich die projizierte Segelfläche und damit geringfügig die Größe der Kraft. Da sich die Verschiebung auf der Wirkungslinie der im Segel und am Unterwasserschiff ansetzenden Kräfte abspielte, fährt das Brett immer noch geradeaus. Ebenso wirkungslos für die Fahrtrichtung des Brettes bleibt ein Neigen des Riggs in Richtung der Pfeile zur Luvseite (schräg rück).

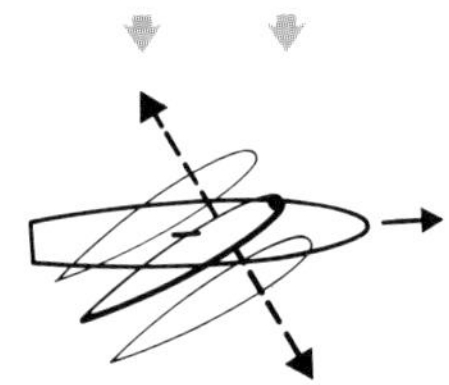

Merke:

- Steuerbewegungen mit Hilfe des Riggs, also Änderungen der Fahrtrichtung, erfolgen erst dann – und zwar am effektivsten –, wenn das Rigg in der *Segelebene* (Richtung Segelsehne) nach Lee oder Luv verschoben (gekippt) wird.

Dadurch bleiben die Kräfte in vollem Umfang erhalten (Segelstellung bleibt gleich: das Segel killt nicht), und das Brett dreht sich, weil Segelkraft und Widerstandskraft nicht mehr auf der gemeinsamen Wirkungslinie liegen.
Natürlich können solche Verschie-

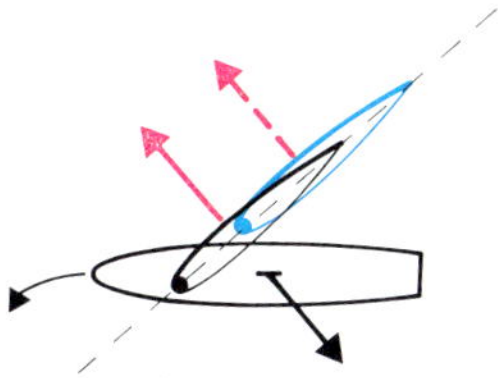

Anluven

bungen der Kräfte aus der gemeinsamen Wirkungslinie auch z.B. durch Gewichtsverlagerung – Standplatz extrem nach vorn oder hinten verlagern – oder Kippen des Brettes um die Längsachse erreicht werden – sog. Fuß- oder Kantensteuerung – bzw. durch eine Kombination beider Möglichkeiten.
Die folgende Darstellung beschränkt sich auf die Steuerung durch Verlagerung der Segelkraft. Für Anfänger bringen Gewichtsverlagerungen auf dem Brett zusätzliche Balanceprobleme. Deshalb wird in der Grundschulung mit dem Rigg gesteuert. Allerdings muß darauf hingewiesen werden, daß das Brett vor allem während des Steuervorgangs und beim Fahren *»flach«* gehalten werden muß, und der Standbereich in Höhe des Schwertkastens gewählt wird, um einen unkontrollierten Steuereffekt zu vermeiden.
Alle Steuerbewegungen mit dem Rigg, die nicht quer zur Wirkungslinie, also in der Segelebene, erfolgen, können nur weniger wirkungsvoll sein, da der entstehende Hebel, das Drehmoment, nur kleiner werden kann.

> Entscheidend für beide Arten der Steuerung ist, daß durch die Verschiebung der Segelkraft bzw. der Widerstandskraft (Gewichtsverlagerung) ein Hebel entsteht, der das Brett um einen gedachten Drehpunkt (den Lateraldruckpunkt) herum dreht:
> *es entsteht ein Drehmoment.*

Abfallen

Das Steuern mit dem Rigg in der Segelebene hat nicht nur die größtmögliche Wirkung, sondern bedeutet für den Surfer in der Praxis, daß er die Steuerbewegungen aus sicherer Position auf dem Brett ausführen kann. Er muß beim Abfallen nicht mit Fuß und Gewicht, wie es verschiedentlich noch gelehrt wird, nach vorn zum Bug, wodurch er immer in eine äußerst kritische Balancesituation kommt.

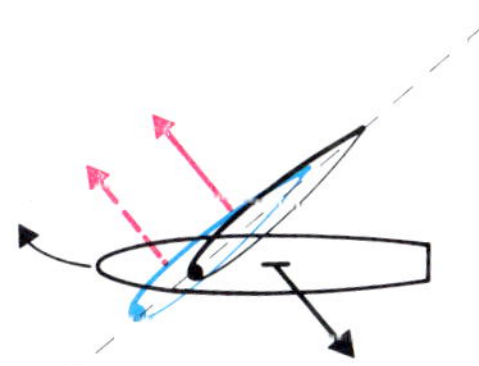

Abfallen

Die kleinste Böe, eine bremsende Welle, lassen ihn dann das Gleichgewicht verlieren.
Entsprechend der hier dargestellten Steuerungstechnik haben sich auch die Informationen für den Schüler bei der Bewegungsausführung geändert.
Vor allem die Darstellung aus der Draufsicht zeigt, daß der Surfer sein Rigg oder seinen Mast beim Abfallen nicht nach »vorn zum Bug« neigen sollte, sondern in Richtung Segelsehne nach Luv.

Außerdem kommt es nicht nur auf den Mast, sondern das gesamte Rigg an, weil entscheidend ist, daß die Segelstellung zum Wind, der Anstellwinkel, unverändert bleibt. Gerade beim Abfallen haben sich durch die ungenaue Information: »Mast nach vorn« und den Hinweis, gleichzeitig aufzufieren, nur schwer abzugewöhnende Fehler eingeschlichen.
Die Folge einer solchen Information für den Schüler ist regelmäßig, daß er weiter nach vorn zum Bug geht oder in der Hüfte abknickt, das Gewicht auf das vordere Bein verlagert und das Segel durch Auffieren zusätzlich im Vorliek killt. Währenddessen fährt das Brett immer noch geradeaus, oder es luvt sogar an.

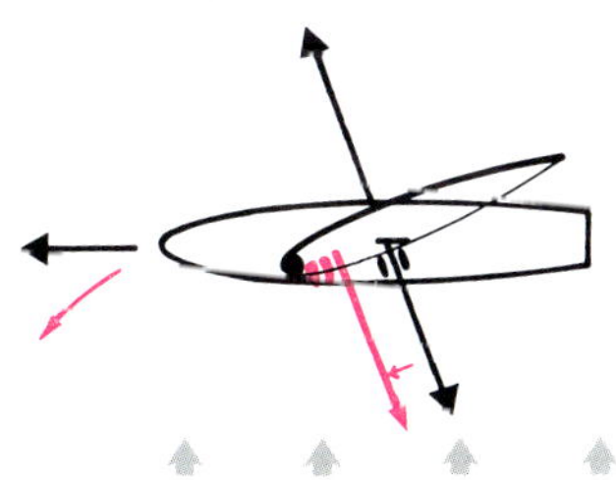

Die Ursache liegt darin, daß der Segeldruckpunkt durch das killende Vorliek weiter nach hinten und der Lateraldruckpunkt durch Gewichtsverlagerung zum Bug weiter nach vorn wandert. Die Wirkung der Mastneigung wird durch falsche Körperbewegungen auf dem Brett oftmals vollständig aufgehoben.

Merke:

- Der Surfer wird sich zum Zwecke einer effektiven und problemlosen Steuerung richtig verhalten, wenn er bei Richtungsänderungen mit Hilfe des Riggs grundsätzlich seinen sicheren Standort mit beiden Füßen hinter dem Mast beibehält, die Riggbewegungen in der Segelebene nach Luv (abfallen) bzw. nach Lee (anluven) ausführt und besonders beim Abfallen darauf achtet, daß das Segel (am Vorliek beginnend) nicht killt.

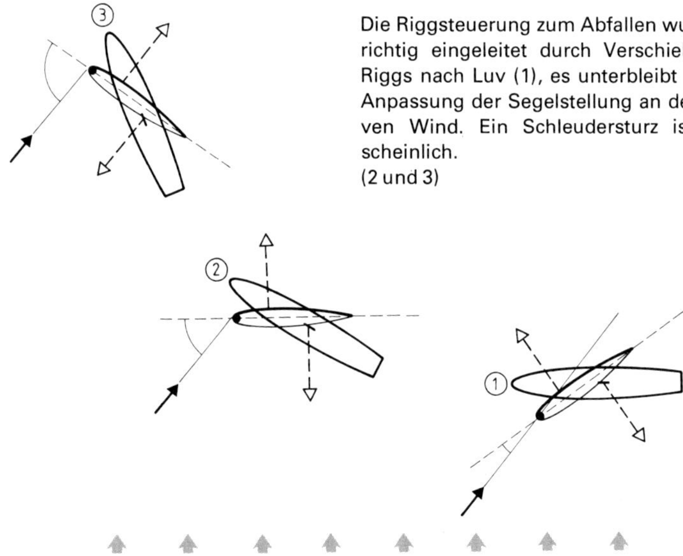

Die Riggsteuerung zum Abfallen wurde hier richtig eingeleitet durch Verschieben des Riggs nach Luv (1), es unterbleibt aber die Anpassung der Segelstellung an den relativen Wind. Ein Schleudersturz ist wahrscheinlich. (2 und 3)

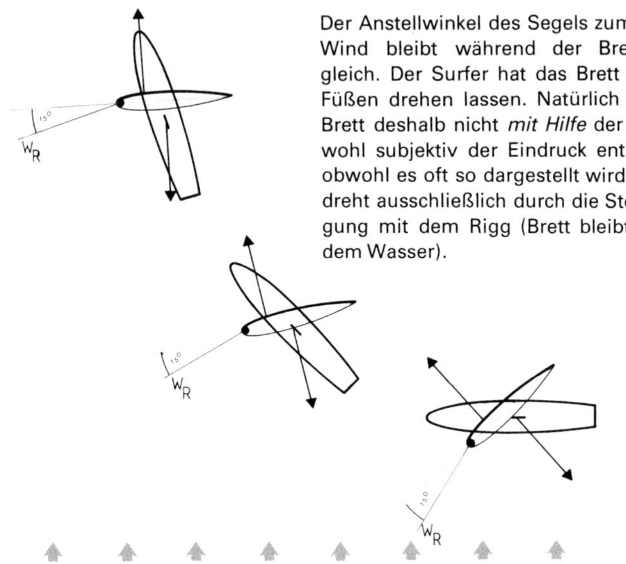

Der Anstellwinkel des Segels zum relativen Wind bleibt während der Brettdrehung gleich. Der Surfer hat das Brett unter den Füßen drehen lassen. Natürlich dreht das Brett deshalb nicht *mit Hilfe* der Füße, obwohl subjektiv der Eindruck entsteht, und obwohl es oft so dargestellt wird. Das Brett dreht ausschließlich durch die Steuerbewegung mit dem Rigg (Brett bleibt flach auf dem Wasser).

Schleuderstürze werden beim Abfallen nur noch dann auftreten, wenn bei richtiger Riggführung versäumt wird, die Segelstellung nach erfolgter Kursänderung immer wieder optimal an den relativen Wind anzupassen. Hier beruht der Fehler vor allem darauf, daß die Füße der Brettdrehung nicht nachgeben, sondern wie angewurzelt stehen bleiben. Die Segelstellung (Winkel zwischen Brett und Segel) bleibt unverändert, das Segel wird zu dicht geholt, der Druck in der vorderen Hand zu groß, der vordere Arm ist bereits gestreckt und kann nicht mehr nachgeben, der Sturz über den Bug ist nicht mehr zu vermeiden.
Um den optimalen Anstellwinkel zum relativen Wind beizubehalten, muß der Surfer das Brett bei unveränderter Abfallbewegung unter den Füßen drehen lassen. Er sollte die Füße bei der Brettdrehung stets so versetzen, daß sie senkrecht zur Segelebene stehen. Andernfalls kann er kaum entspannt und locker auf dem Brett stehen.

Anluven

Beim Anluven gelten grundsätzlich dieselben Regeln wie beim Abfallen. Der Anstellwinkel soll während der Riggbewegung nach Lee und der nachfolgenden Brettdrehung zum Wind nicht verändert werden.
Nur ist es hier nicht so tragisch, wenn das Segel am Vorliek einmal killt. Die Brettdrehung »zum Wind hin« kann sogar positiv beeinflußt werden.
Wird beim Anluven der Anstellwinkel zu klein (Segel killt am Vorliek), wandert der Segeldruckpunkt – und damit die Segelkraft – wegen der am Vorliek verkürzten Segelfläche in Richtung Gabelbaumende. Der Hebel zwischen Segelkraft und Widerstandskraft wird größer. Allerdings wird dabei infolge der kleineren wirksamen Segelfläche die Segelkraft kleiner.

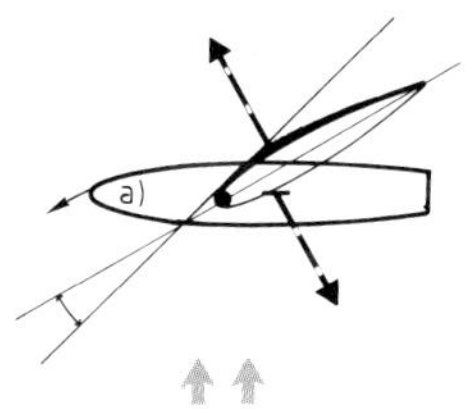

Beim Anluven Segel richtig angestellt.

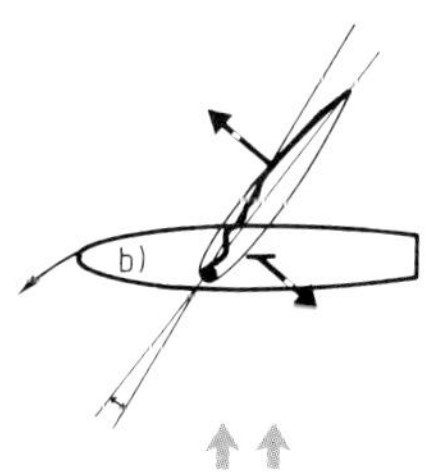

Beim Anluven Anstellwinkel zu klein (Segel gefiert)

Fahrtrichtungen und Kurse

Probleme und typische Merkmale der Fahrtrichtungen und Kurse lassen sich am besten mit Beispielen aus der Praxis veranschaulichen. Heute können mit Segelkraft angetriebene Fahrzeuge alle Ziele auf dem Wasser ansteuern und erreichen.
Folgende Situation ist deshalb vorstellbar:

An 8 ausgewählten Startpunkten an einem kreisrunden See liegen Surfbretter startbereit. Sie haben die Aufgabe, eine in der Mitte liegende Boje möglichst schnell zu erreichen.

Alle Surfbretter und ihre Fahrer haben bezüglich Entfernung, Windstärke, Windrichtung (Nordwind) und Fahrkönnen vergleichbare Voraussetzungen. Trotzdem werden die Probleme auf dem Weg zur Zielboje sehr unterschiedlich sein, so daß über ›Sieg und Niederlage‹ nur spekuliert werden kann.

Bei dem gewählten Beispiel werden die mit demselben Buchstaben gekennzeichneten Bretter nicht einzeln beschrieben. Sie haben auf dem Wasser dieselben Probleme. Nur halten die Surfer auf der linken Seeseite ihr Segel über Steuerbord – sie fahren *Steuerbordbug,* die Surfer auf der rechten Seeseite halten das Segel über Backbord: sie fahren *Backbordbug.*

Surfer K, Kreuzkurse

Für den Surfer K kommt der Wind genau aus der Richtung, wo er hin will. Er muß sein Brett schräg zum Wind drehen, damit die Segelkraft ihn vorwärts bringt.
Um nicht am Ziel vorbeizufahren, muß er sogar mindestens einmal die Segelseite wechseln: er muß *wenden.* Folgen mehrere Wenden nacheinander zum Zwecke des Höhengewinns gegen den Wind, so spricht man von *Kreuzen.*
Weil er sein Ziel nicht direkt ansteuern kann, legt er im Vergleich zu allen anderen Startern den weitesten Weg zurück.
Er wird deshalb bemüht sein, möglichst so zu fahren, daß er gegen den Wind Höhe gewinnt.
Dazu luvt er solange an, wie das Brett noch Fahrt voraus macht. Das Segel wird so an den Wind gestellt, daß es gerade nicht killt. Bleibt das Brett stehen, und fängt das Vorliek an zu killen, befindet er sich bereits im *toten Winkel.*
Die Größe dieses, für den Surfer gegen den Wind nicht zu erreichenden Winkels, hängt von verschiedenen Faktoren ab.
Entscheidend ist vor allem, daß der Surfer soweit anluvt wie möglich und das Killen im Segel vermeidet.
Wie weit er anluven kann, ohne daß das Segel killt, hängt aber auch vom Schnitt des Segels ab.

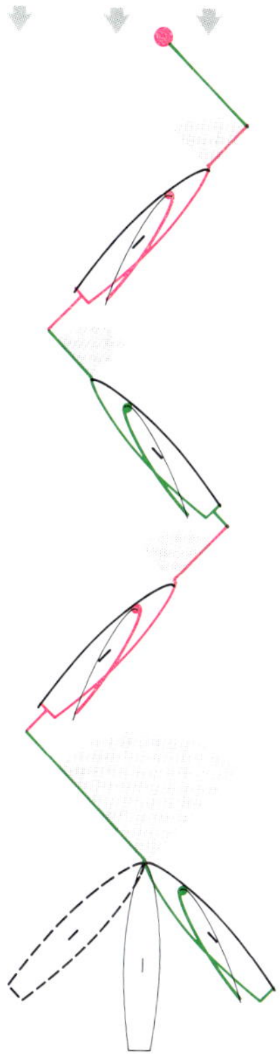

> *Merke:*
> - Ein flacher Schnitt erlaubt mehr Höhe als ein bauchig geschnittenes Segel. Der »tote Winkel« ist entsprechend kleiner.

Ebenso wichtig wie Anstellwinkel und Schnitt ist die *Geschwindigkeit* des Surfbrettes für die Größe des toten Winkels.

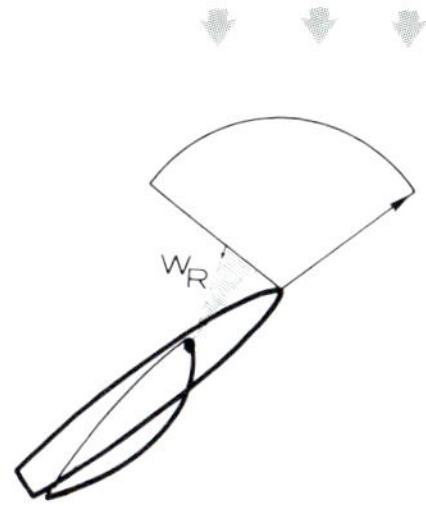

Bauchig geschnittenes Segel: weniger Höhe gegen den Wind; flach geschnittenes Segel: kann höher an den Wind

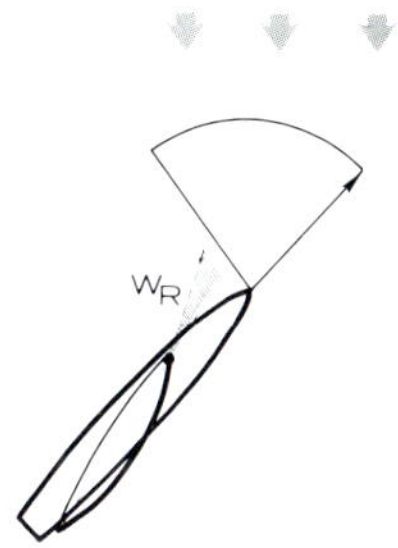

Die Geschwindigkeit aber ist abhängig von Windstärke, Gewicht des Surfbrettes, Form des Unterwasserschiffs, Körpergewicht des Surfers, Segelgröße und natürlich auch vom Fahrkönnen.
Fährt das Brett K_1 bei gleichbleibenden Windverhältnissen und gleichem Segelmaterial maximale Höhe, so muß der schnellere Surfer K_2, um nicht mit killendem Segel stehen zu bleiben, abfallen. Auf Grund seiner höheren Fahrgeschwindigkeit kommt der relative Wind weiter von vorn, er fällt »vorlicher« ein. Erfahrungswerte zeigen, daß dieser Winkel zwischen Windrichtung und Fahrtrichtung mit maximaler Höhe eine Größe zwischen 38° und 45° annehmen kann. Der gesamte »tote Winkel« umfaßt demnach 76°–90° oder mehr. Daß dieser Winkel nicht konstant bleibt, zeigt die Wirklichkeit, wo Windverhältnisse und Geschwindigkeit ständig wechseln.

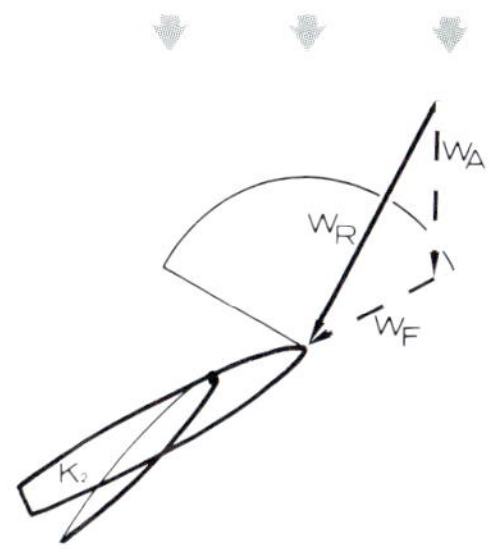

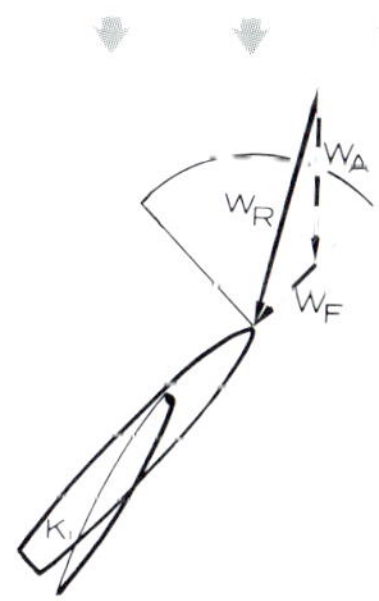

Ein entscheidender Faktor ist zusätzlich die Abdrift, welche den toten Winkel erheblich vergrößern kann. Bekanntlich haben z.B. die schnellen Gleitbretter der seitlichen Querkraft weniger Lateralwiderstand entgegenzusetzen. Sie gleichen diesen Nachteil durch hohe Geschwindigkeit aus. (Vgl. S. 110.)
Die Abhängigkeit der auf die Größe des »toten Winkels« einflußnehmenden Faktoren ist sehr komplex. Das zeigt das folgende, stark vereinfachte Schema:

	Tempo	toter Winkel
Windstärke +	+	+
Windstärke –	–	–
Schnitt flach	=	–
Schnitt bauchig	=	+
Abdrift groß	=	+
Abdrift gering	=	–

\+ mehr/größer
– weniger/geringer
= gleichbleibend

Um den Winkel möglichst klein zu halten, müßten demnach folgende Faktoren zusammentreffen: wenig Wind, flaches Segel und langes Schwert.
Unter diesen Umständen gelingt es nun zwar, den unerreichbaren Winkel kleinzuhalten, aber vor allem auf Kosten von Geschwindigkeit.

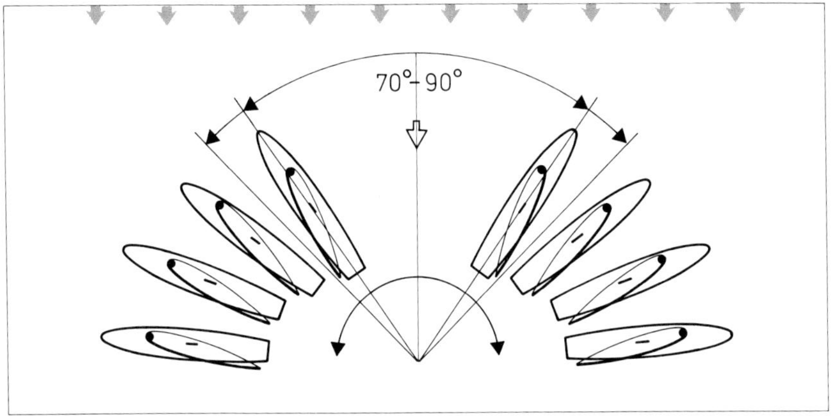

Der »tote« Winkel gegen den Wind, der trotz optimaler Segelstellung und bis zur Leekante dichtgeholtem Segel nicht erreichbar ist, variiert je nach Material und Fahrtgeschwindigkeit zwischen 70 und 90°. Er kann sogar größer sein als 90°.

Je nach dem, ob Höhe gegen den Wind gewonnen, ob dazu die Segelseite gewechselt werden muß, ob Höhe gehalten oder aufgegeben wird, sind die Fahrtrichtungen zum am Revier herrschenden Wind (atmosphärischer Wind) definiert als **Kurse.**

Der Surfer K muß viel Höhe gewinnen und mindestens einmal die Segelseite wechseln: er muß *kreuzen*, Entsprechend heißt dieser Kurs: **Kreuzkurs.**

Surfer A, Am-Wind-Kurse

Alle Fahrtrichtungen zum Wind, die gegen den Wind Höhe gewinnen, werden

Am-Wind-Kurse

genannt.

Die Surfer A müssen maximale Höhe laufen, um das Ziel ohne Wende erreichen zu können.

Dieser besondere Am-Wind-Kurs heißt auch

»Hart-am-Wind-Kurs« oder

»Hoch-am-Wind-Kurs«

Ob sie die Zielboje auf direktem Wege erreichen können, hängt u. a. von ihrer Abdrift ab.

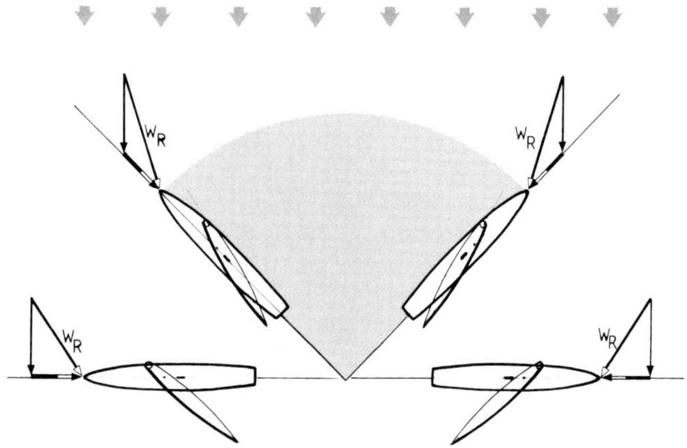

Je höher am Wind, desto mehr nähern sich die Richtung von W_A und W_F. Der relative Wind (W_R) wird immer stärker und fällt schließlich fast von vorn ein, obwohl der atmosphärische Wind (W_A) unverändert bleibt.

Typische Merkmale für den Hart-am-Wind-Kurs:

- maximaler Höhengewinn gegen den Wind
- relativ starke Abdrift
- relativ geringes Tempo
- Anluven nicht mehr möglich (zwingt zum Wenden oder sofortigen Abfallen)
- Hohe Anforderungen an Haltemuskulatur in Händen und Armen
- Segel fast über der Leekante des Brettes
- bei mehr als 3 Bft. Spritzwasser

Daß die Surfer auf den Kursen K und A »hart am Wind« bzw. »am Wind« konditionell am stärksten gefordert werden, liegt vor allem daran, daß sie mit dem »stärksten Wind« zu kämpfen haben.

Daß dieser Kurs nicht der schnellste ist, trotz des stärksten Windes und damit der entsprechend großen Segelkraft, liegt vor allem daran, daß die Segelkraft kaum noch in Fahrtrichtung wirkt, sondern fast quer zur Brettlängsachse. *Die Querkraft hat zugenommen zu Ungunsten des Vortriebs.*

In der Regel wirkt einer Fahrt schräg gegen den Wind auch noch eine durch den Wind erzeugte Strömung im Wasser entgegen. Die quer zum Wind entstehende Welle kann das Brett seitlich zusätzlich zur Querkraft versetzen. (Vgl. »Abdrift durch Strömung«, S.111.)

Je weiter sich ein Brett von diesem harten Kurs entfernt, desto mehr wirkt die Segelkraft in Fahrtrichtung, desto weniger wirken die durch Strömung und Welle entstehenden Kräfte dem Brett entgegen, desto geringer wird aber (bei gleicher Fahrtgeschwindigkeit) auch der relative Wind.

Trotz der nachlassenden Windkraft nimmt die Fahrtgeschwindigkeit zu. Die mehr seitlich auf das Brett wirkenden Kräfte: Strömung, Welle und die offenere Segelstellung mit dem entsprechend geringeren Anteil von Querkraft wirken sich positiv aus.

Auf welchem Kurs zum Wind das Brett am schnellsten fährt und gleichzeitig noch viel Höhe gewinnt, muß am Ende jeder selbst herausfinden.

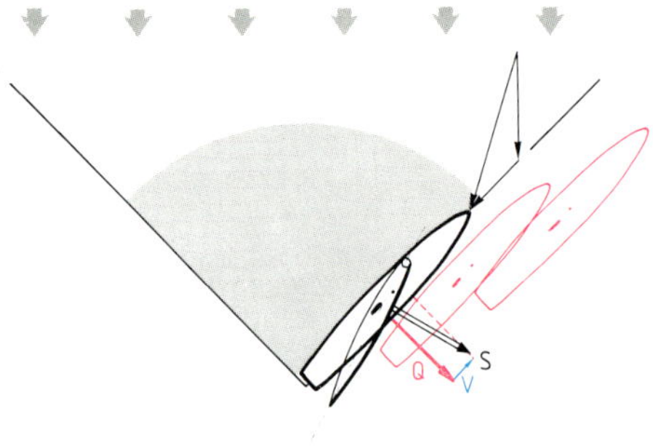

Der relative Wind ist zwar unmittelbar am »toten« Winkel am stärksten, trotz entsprechend großer Segelkraft ist der Vortrieb aber nur noch minimal. Die Abdrift nimmt durch die starken Querkräfte zu. Der tote Winkel vergrößert sich effektiv.

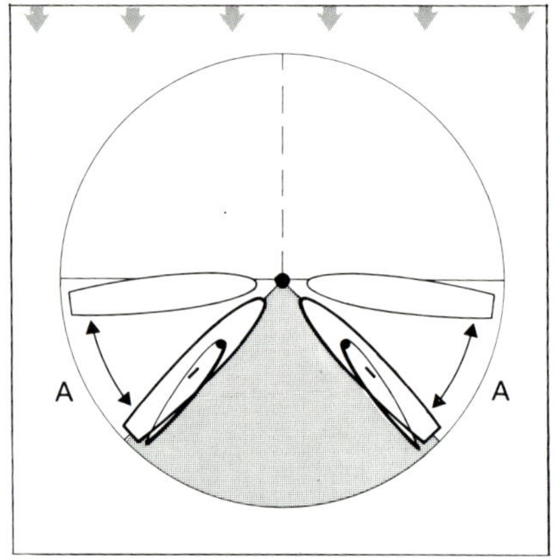

Alle Kurse, auf denen Höhe gewonnen wird, heißen »Am-Wind-Kurse«.

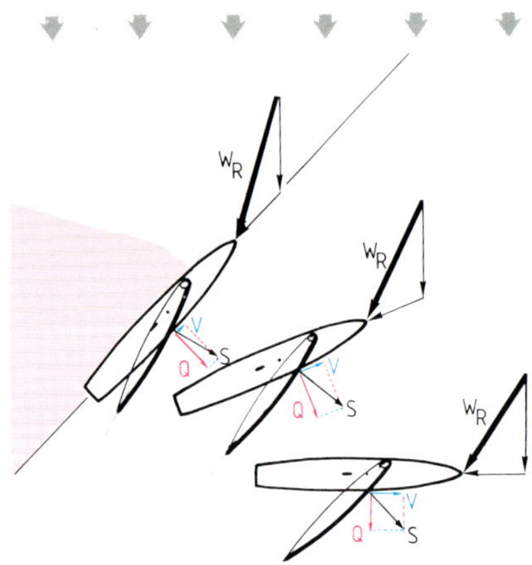

Bei gleichbleibendem atmosphärischem Wind und gleicher Geschwindigkeit nimmt der relative Wind (W_R) und damit auch die Segelkraft ab. Durch Öffnen der Segelstellung (Winkel zwischen Brett und Segel) wirkt aber die Segelgesamtkraft (S) günstiger zur Fahrtrichtung (Vortrieb). Die Querkraft läßt nach.

Der Surfer A wird auch überlegen, ob er lieber etwas abfällt, Höhe aufgibt und dafür etwas schneller fährt, auch wenn dadurch eine Wende notwendig wird. Im Vergleich mit seinem Gegenüber, der das Ziel auf demselben Kurs auf dem anderen Bug ansteuert, wird festzustellen sein, welche Entscheidung richtig war.

Bei Regatten sind solche Situationen alltäglich. Die *maximale Höhe* ist leicht zu erreichen, ganz anders die *optimale Höhe (Luvgeschwindigkeit),* die immer irgendwo zwischen maximaler Geschwindigkeit und maximaler Höhe liegt. Die richtige Entscheidung ist gleichzeitig die richtige Taktik für den Sieg.

Surfer H (Halbwind-Kurs)

Die beiden Surfer in Position H starten beide genau quer zum Wind. Sie haben bis zum toten Winkel noch reichlich Platz und müssen nur aufpassen, daß sie die Abdrift einplanen, um nicht am Ende doch an der Boje vorbeizufahren oder wenden zu müssen. Da die Relation von Vortrieb zu Querkraft günstiger ist, die Hände wegen des nicht mehr so starken relativen Windes weniger zu halten haben, ist ihre Ausgangsposition sehr günstig.

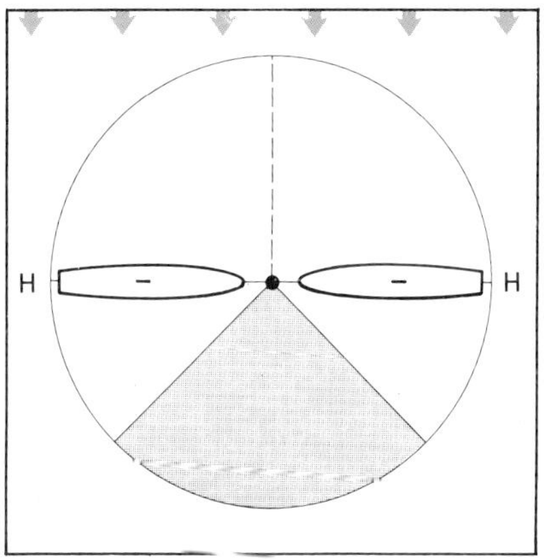

Der Wind kommt so, wie er für einen schulmäßigen Start richtig ist: genau von der Seite.
Fahrtrichtungen zum Wind, welche die Höhe zum Wind nicht verändern, werden **Halbwind-Kurse** genannt.

An der Segelstellung ist ein Halbwindkurs allerdings nicht zu erkennen. Wie schon gezeigt wurde, hängt die Segelstellung sehr stark von der Fahrtgeschwindigkeit und dem dazu entsprechend einfallenden relativen Wind ab. Der Surfer selbst hat deshalb während der Fahrt kaum Anhaltspunkte, wenn er sich nicht vor dem Start Geländemarken gemerkt hat. Auf offenem Meer bleibt ihm nur die Möglichkeit, von der Grundstellung aus die Windrichtung des atmosphärischen Windes und so auch den Halbwindkurs zu bestimmen.
Merkmale Halbwindkurs:

- Segelstellung variabel (leicht offen bis dicht)
- Fahrt parallel zum Wellenkamm
- gleichbleibende Höhe zum Wind
- Ausgangsstellung zum Start

Surfer R (Raumwind-Kurs)

Fahrtrichtungen zum Wind, auf denen Höhe aufgegeben wird, heißen **Raumwind-Kurse.**
Der relative Wind nimmt ab, die Querkraft wird sehr gering, der Zug in den Händen läßt nach. Trotzdem kann durch geschicktes Ausnutzen der Welle und die mehr in Richtung Vortrieb wirkende Segelkraft die Fahrtgeschwindigkeit noch zunehmen. Dann allerdings fällt der relative Wind wieder vorlicher ein, das Segel muß dichter geholt werden, die Querkraft erhöht sich, und das Brett driftet ab.

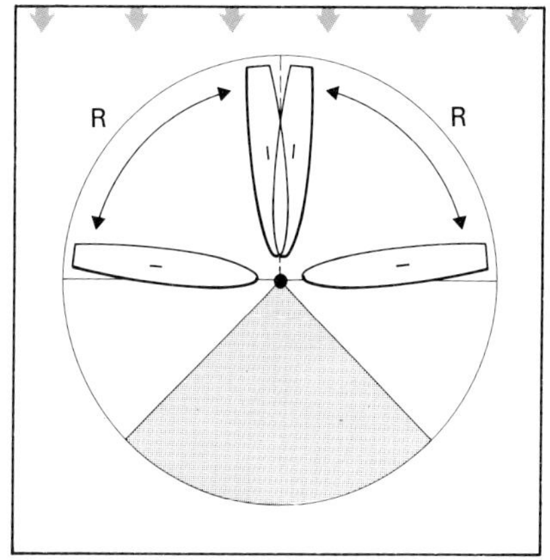

Auch bei Raumwindkursen kann deshalb die Segelstellung nicht zur Kursbestimmung herangezogen werden. Der Surfer nimmt Geländemarken zuhilfe, um festzustellen, ob er Höhe verliert. Bei konstanter Windrichtung kann die Welle bei der Orientierung auf dem Wasser helfen. Das schräge Abgleiten der Welle ins Wellental und geringes Spritzwasser lassen Rückschlüsse auf den Kurs zu.
Merkmale Raumwindkurs:

- Segelstellung variabel (weit offen bis dicht)
- schnelle Fahrt mit wenig Spritzwasser
- Welle schräg von hinten, »abreiten« möglich

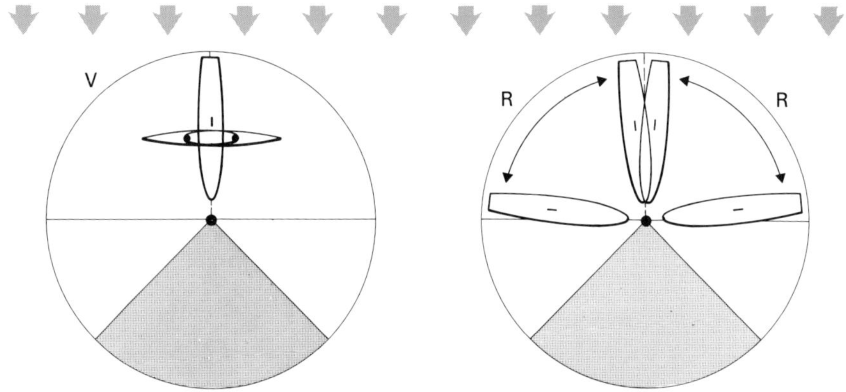

Die Kurse in einer zusammenfassenden Übersicht und in direktem Vergleich:

Vorwindkurs
Segel quer zum Brett (Staudruck)
Füße zeigen zum Bug
geringster Kraftaufwand
Balanceprobleme
Wind wird als sehr schwach empfunden
Kursänderungen müssen sofort durch »Gegensteuern korrigiert werden.

Raumwindkurse
Segelstellung variabel (weit offen bis dicht)
schnelle Fahrt mit wenig Spritzwasser
Welle schräg von hinten, »Abreiten« möglich

Surfer V (Vorwind-Kurs)

Genauer als alle anderen Fahrtrichtungen läßt sich jener Kurs definieren, der genau in Windrichtung verläuft. Die Surfer V werden vom toten Winkel und von der Abdrift nichts spüren. Sie können ihren Weg genau vorausbestimmen und einhalten.
Natürlich ist die Fahrtgeschwindigkeit auch auf diesem Kurs nicht konstant. Sie ist von denselben Faktoren (Windstärke, Segelgröße, Gewicht, Segelschnitt u.a.) abhängig wie auf allen anderen Kursen.
Nur zwingt eine Änderung der Fahrtgeschwindigkeit nicht automatisch zur Korrektur der Segelstellung oder sogar der Fahrtrichtung.
Ob langsamer oder schneller, der Wind kommt immer genau von hinten.
Daß dieser Kurs im Vergleich mit anderen die geringste Haltekraft in Händen und Armen erfordert, läßt sich physikalisch leicht erklären. Wo aber weniger zu halten ist, steht auch weniger Kraft für den Antrieb zur Verfügung. Mit schwächerem Motor wird die Fahrt langsamer.
Der atmosphärische Wind weht für die Surfer V genau in Fahrtrichtung. Der bei Fahrt entstehende Fahrtwind bläst dem atmosphärischen Wind genau entgegen.
Der bei Fahrt auf diesem Kurs wahrnehmbare relative Wind ist also wesentlich geringer als der atmosphärische Wind, den man an Land oder noch in der Grundstellung wahrgenommen hatte. Genauer: der auf Vorwindkurs wahrnehmbare Wind ist um die Fahrtgeschwindigkeit

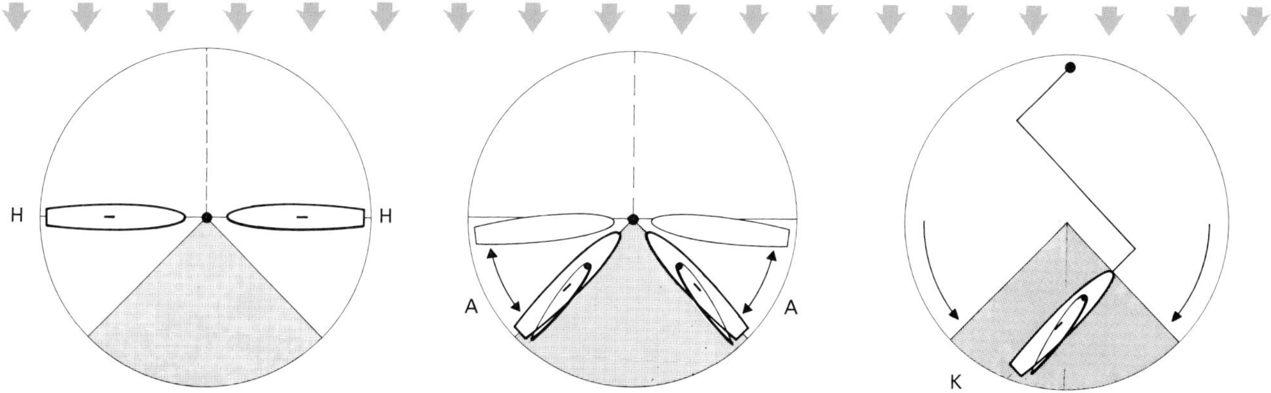

Halbwindkurse
Segelstellung variabel (leicht offen bis dicht)
Fahrt parallel zum Wellenkamm
gleichbleibende Höhe zum Wind
Ausgangsstellung zum Start

Am-Wind-Kurse
Segel so dicht wie möglich
größtmöglicher Höhengewinn
größter Kraftaufwand
Wind wird als sehr stark empfunden
Spritzwasser
Anluven zwingt zur Wende
größte Abdrift

Kreuzkurse
Fahrtmerkmale wie auf Am-Wind-Kurs
mehrfaches Wenden nach kurzen oder langen Schlägen zum Zwecke des Höhengewinns
hohe Anforderungen an Kondition
Fahrstrecke mindestens verdoppelt

(= Fahrtwind) schwächer als der atmosphärische Wind.
Geringere Haltekräfte haben es schon angezeigt: der relative Wind und damit die Segelkraft haben durch das ungünstige Aufeinandertreffen von atmosphärischem Wind und Fahrtwind stark nachgelassen.
Aber noch ein weiterer wichtiger Grund ist verantwortlich für die »gemütliche Fahrt« auf Vorwindkurs. *Das Segel wird nicht mehr schräg an den Wind angestellt, sondern genau quer in den Wind gehalten.*
Es kann deshalb nicht mehr vom Wind ›umströmt‹ werden, es stellt sich ihm jetzt als Widerstand in den Weg. Die Luft staut sich im gefüllten Segel und erzeugt auf diese Weise Druck. Da ein umströmtes Segel mehr als doppelt soviel Kraft erzeugen kann als ein Segel, das seine Kraft durch Druck erhält, wird verständlich, warum der Vorwindkurs so gemütlich sein kann.
Gemütlich ist allerdings auf Vorwindkurs nur das Tempo. Der Surfer selbst hat »alle Hände voll« zu tun. Durch die geringere Geschwindigkeit und den nachlassenden Druck im Segel nehmen die Gleichgewichtsprobleme zu. Die seitlich versetzenden Kräfte (Querkraft, Strömung, Welle) entfallen. Strömung und Welle schieben sogar in der Regel noch von hinten. Das kann zur Folge haben, daß die Fahrtgeschwindigkeit kurzzeitig die Geschwindigkeit des relativen Windes annimmt. In solch einem Moment ist der Windantrieb abgeschaltet. Das Segel flattert oder bekommt einen Gegenbauch. Man hat nichts mehr, woran man sich festhalten kann.

Typisch für den Vorwindkurs ist weiterhin, daß man die Segelseite wechseln kann, ohne die Fahrtrichtung zu verändern. Durch schnelles Schwenken des Segels über den Bug bleibt sogar die Fahrtgeschwindigkeit nahezu konstant. Dieses Wechseln der Segelseite bei unveränderter Fahrtgeschwindigkeit und Fahrtrichtung wird
schiften
genannt. Solange das Brett in Fahrt bleibt, ist dies ein leichtes Manöver. Kommt aber das Brett zum Stehen, fehlt plötzlich der Fahrtwind, der die Kraft des atmosphärischen Windes verringerte. Die Anforderungen an die Haltekräfte werden ungleich höher.

Ähnlich wie der Hoch-am-Windkurs ist der Vorwindkurs vom Zuschauer und auf dem Brett an vielen Merkmalen eindeutig zu identifizieren:

- Segel steht quer zum Brett
- Brett bewegt sich in Richtung des atmosphärischen Windes
- langsame Fahrt
- geringe Haltekraft
- scheinbare Windstille auf dem Brett
- Balanceprobleme
- Kursänderung über Vorwind hinaus zwingt zum Halsen. (Geübte Fahrer können die Halse hinauszögern, indem sie »Schothorn voraus« fahren.)
- Fußstellung links und rechts vom Schwertkasten oder noch weiter hinten

Wer von den gestarteten Surfern an der Boje in der Mitte des Sees als erster ankommt, läßt sich schwer voraussagen. Daß die Chancen auf dem Kreuzkurs, Hochamwindkurs und Vorwindkurs gering sind, weil hier die Probleme mit der Abdrift, dem »toten Winkel« und der nachlassenden Segelkraft mitentscheiden, dafür gibt es genügend Argumente.
Die Surfer auf Halbwind- und Raumwindkursen werden deshalb den Sieg wohl unter sich ausmachen.

Anhang

Vorschriften zur Grundscheinprüfung

Ein Surfer, der sein Surfbrett nicht beherrscht und nicht die grundlegenden Sicherheitsvorschriften kennt, gefährdet nicht nur sich, sondern auch andere (siehe Teil Sicherheit). Die Grundscheinprüfung ist daher für Surfer unerläßlich. Prüflinge wie auch Prüfer sollten die Grundscheinprüfung gewissenhaft durchführen, zumal sie auch als Praxisteil zum Segelsurfschein voll anerkannt wird.

Prüfungsanforderungen:

1. Theoretischer Teil

Der Prüfling beantwortet ohne Hilfsmittel einen Fragebogen. (Der VDWS hat sechs verschiedene Fragebögen mit etwa gleichwertigen Fragen zusammengestellt.)
Anhand der angegebenen Punkte ermittelt der Prüfer die erreichte Punktzahl:
über 34 Punkte = bestanden
30–33 Punkte = mündliche Nachprüfung erforderlich
unter 30 Punkte = nicht bestanden
Bei der mündlichen Nachprüfung werden vergleichbare Fragen aus den übrigen fünf Fragebögen gestellt. Die Antworten sollten sinngemäß den Lösungsvorschlägen im Anhang des Lehrplans entsprechen.

2. Praktischer Teil:

Die praktische Prüfung soll bei leichtem Wind von mindestens 2 bis höchstens 3 Beaufort abgenommen werden.

Prüfungsinhalt:
Aufriggen
Knoten und ihre Anwendung: Palstek, Stopperstek, Kreuzknoten, Achterknoten, Halber Schlag
Start aus der Grundstellung; dabei soll das Brett während der Dichtholbewegung (Oberkörper-Rückdrehung) weder anluven noch abfallen
Abfallen auf Vorwind-Kurs
mindestens zwei Halsen
Aufkreuzen (Wenden)
Die Steuerbewegungen bei Wende und Halse sollen deutlich erkennbar sein, bevor die Segelseite gewechselt wird.
Notstop = Backhalten des Segels oder Stophalse

Prüfungsfragen zum Grundschein des VDWS

Aus den hier abgedruckten Fragen werden die Aufgaben für die theoretische Prüfung zum Windsurfinggrundschein zusammengestellt. Die Fragen sind nach Unterrichtsblöcken geordnet.

Materialkunde und Brettgewöhnung

1. Benennen Sie die Teile eines Windsurfbrettes:
2. Worauf müssen Sie beim Bretttransport auf dem Autodach achten? Nennen Sie 4 Einzelheiten:
3. Beim Tragen des Riggs über dem Kopf:
   a) wo fassen die Hände?
   b) wohin zeigt der Mastfuß?
4. Warum sollten Sie Ihr Brett nicht mit der Standfläche nach oben auf den Strand legen?
5. Nennen Sie zwei Gründe, warum Sie die Trimmschot lösen, wenn Sie Ihr Rigg längere Zeit auf den Strand legen:
6. Sie bemerken auf dem Wasser ein Loch in Ihrem Brett. Was tun Sie?

Sicherheit

7. Sie beobachten, daß ein Surfer Schwierigkeiten hat. Er sitzt auf dem Brett und wird immer weiter abgetrieben.
   a) Wozu sind Sie in jedem Fall verpflichtet?
   b) Was sollten Sie tun, wenn Sie es können?
8. Wie handeln Sie als verantwortungsbewußter Surfer, um Ihr und anderer Leute Leben nicht zu gefährden?

Bitte, kreuzen Sie Richtiges an:

- ☐ immer mit Regattasegel surfen
- ☐ bei starkem Wind so lange versuchen, wieder an Land zu kommen, bis die Kräfte nicht mehr ausreichen, das Segel aufzuholen
- ☐ zuerst ein kleineres Segel aufziehen und evtl. später ein größeres nehmen
- ☐ bei ablandigem Wind vom Ufer fernhalten
- ☐ bei ablandigem Wind in Ufernähe bleiben
- ☐ bei auflandigem Wind immer in Ufernähe bleiben
- ☐ rechtzeitig *vor* der totalen Erschöpfung das internationale Notsignal geben

9. Beschreiben Sie das internationale Notsignal für Wassersportler:
10. Warum bedeuten Surfschuhe mehr Sicherheit beim Surfen?
11. Sie wollen zum Windsurfen auf's Wasser. Vorher sollten Sie den Zustand Ihres Brettes mindestens auf folgende Punkte überprüfen:
    - ☐ Außenhaut des Surfbretts (keine Löcher)
    - ☐ Standfläche (nicht glitschig)
    - ☐ Trimmschot und Masttampen (reißfest und durch Knoten gesichert)
    - ☐ Brett-Rigg-Verbindung (Fangleine) angebracht
    - ☐ Zustand des Segels (Nähte, Löcher)

    a) Kreuzen Sie oben nur einen Punkt an, der für Ihre Sicherheit am wichtigsten ist!

    b) Begründen Sie Ihre Entscheidung:
12. Welche Kleidung wählen Sie bei unsicherer Wetterlage?
13. Wovon hängt die Wahl Ihrer Segelgröße ab?
    Nennen Sie mindestens 3 mögliche Antworten:
14. Was ist richtig?
    - ☐ Ein Regattasegel hat mind. 6 Quadratmeter
    - ☐ Bei Starkwind wähle ich zuerst das größte Segel
    - ☐ Bei wenig Wind kann ich alle Segelgrößen ausprobieren
    - ☐ Die Wahl des Segels ist von der Farbe abhängig
    - ☐ Die Wahl des Segels ist vom Fahrkönnen abhängig
    - ☐ Die Wahl des Segels ist von der Windstärke abhängig
    - ☐ Als Frau fährt man Allroundsegel
    - ☐ Kinder lernen am besten mit einem großen Segel
15. Sie müssen abgeschleppt werden und dazu vorher das Rigg zusammenlegen. Ordnen Sie die Reihenfolge:
    - ☐ Zusammengebundenes Rigg mit Mastfuß nach vorn aufs Brett legen
    - ☐ Segel vom Unterliek zum Mast zusammenrollen
    - ☐ Trimmschot lösen
    - ☐ Gabelbaum und Segel mit Trimmschot am Mast vertäuen
    - ☐ Mastfuß herausziehen
    - ☐ Gabelbaum nach oben klappen
16. Wie lassen Sie sich abschleppen?

    a)

    b)

    c)
    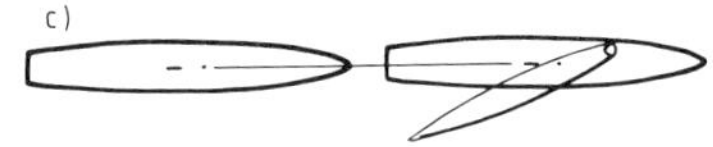

    Bitte, ankreuzen!
    Begründen Sie Ihre Entscheidung:
17. Was verstehen Sie unter a) auflandigem und b) ablandigem Wind?
18. Welches Wellenbild ist in Ufernähe typisch a) für ablandigen und b) für auflandigen Wind?
19. Nennen Sie 3 Gefahren bei ablandigem Wind:
20. Sie wollen allein einen längeren Ausflug auf dem Wasser unternehmen. Welche 3 Informationen müssen Sie Freunden, Bekannten, bei der Surfschule oder beim Hafenmeister hinterlassen, bevor Sie starten?
21. Welches Ersatzteil kann Ihnen bei Schäden und im Notfall wichtige Dienste leisten?

a) Ersatzteil:
b) 2 Beispiele

22. Welche Entscheidungen sind richtig? (Bitte, ankreuzen!)
□ Wenn mir der Wind zu stark wird, schwimme ich an Land
□ Wenn mir der Wind zu stark wird, bleibe ich auf jeden Fall auf dem Brett sitzen
□ Wenn mir der Wind zu stark wird, versuche ich eine Boje zu erreichen, um mein Brett anzubinden
□ Wenn keine Hilfe kommt, paddle ich notfalls ohne Rigg mit dem Brett zum nächsten Ufer

23. Wo dürfen Sie laut Gesetzgebung nicht surfen?
Nennen Sie 5 Beispiele:

24. Kreuzen Sie die richtigen Sturm- und Starkwindsignale an:
□ Der Leuchtturm wird eingeschaltet
□ Rotes, orangenes, gelbes Blinklicht
□ Weißes Blinklicht in schneller Folge
□ Die Fahnen werden eingeholt
□ Schwarzer Ball oder Kegel am Signalmast

25. Über welche Revierbesonderheiten müssen Sie sich an Ort und Stelle informieren, bevor Sie mit Ihrem Surfbrett aufs Wasser gehen?
Nennen Sie 4 Beispiele:

26. Wo erhalten Sie Auskunft über Wetterentwicklung?
Nennen Sie 3 Möglichkeiten:

27. Sie haben einem Surfer gegenüber Vorfahrt. Wie verhalten Sie sich?
Kreuzen Sie an:
□ Immer höflich sein und vorbeifahren lassen
□ Durch Zuruf auf die eigene Vorfahrt aufmerksam machen
□ Weiterfahren und einen Zusammenstoß in Kauf nehmen
□ Im letzten Augenblick trotz Vorfahrt die Fahrt stoppen

28. Nennen Sie 2 Möglichkeiten, wie Sie Ihr Surfbrett aus voller Fahrt schnell stoppen können

29. In Ihrem Surfrevier halten sich in Strandnähe viele Schwimmer auf. Wie verhalten Sie sich?
(Bitte, Richtiges ankreuzen!)
□ langsame Fahrt und auf sich aufmerksam machen
□ das Publikum für Kunststücke ausnutzen
□ Schwimmern rechtzeitig ausweichen
□ mit Schwung durch die Gefahrenzone surfen
□ eigenen Kurs beibehalten, Schwimmer müssen ausweichen

30. Wer hat Vorfahrt?
a) b) c)
Geben Sie die entsprechende Vorfahrtsregel an:

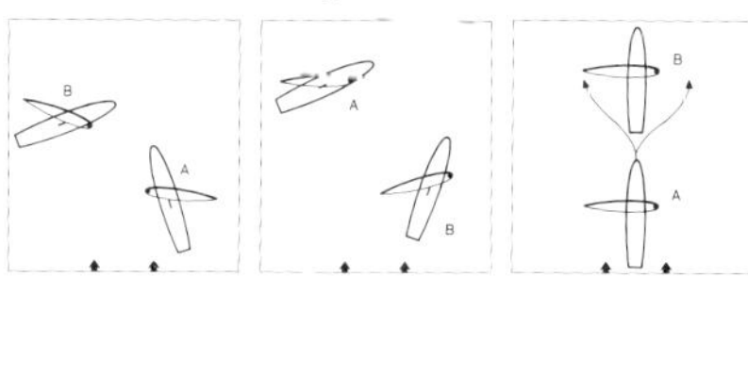

31. Sie wollen auf Vorwindkurs einen anderen Surfer überholen. Kreuzen Sie richtiges Verhalten an:
□ Mastlänge Abstand halten
□ nur in Luv überholen
□ nur in Lee überholen
□ immer links überholen
□ auf Vorfahrt bestehen und rufen
□ links oder rechts überholen

32. Ein Schwimmer, ein Motorboot und ein Surfbrett bewegen sich aufeinander zu. In welcher Reihenfolge dürfen sie passieren?

33. Wer hat Vorfahrt?
Ein Linienschiff, ein kleines privates Motorboot und ein Surfer bewegen sich aufeinander zu. In welcher Reihenfolge dürfen sie passieren?

34. Zeichnen Sie ein 2. Surfbrett ein, das Vorfahrt hat.
Welche Regel gilt?

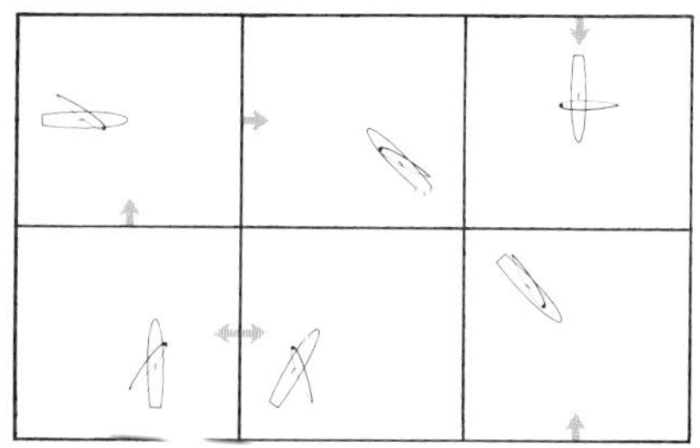

35. Welche Regeln gelten:

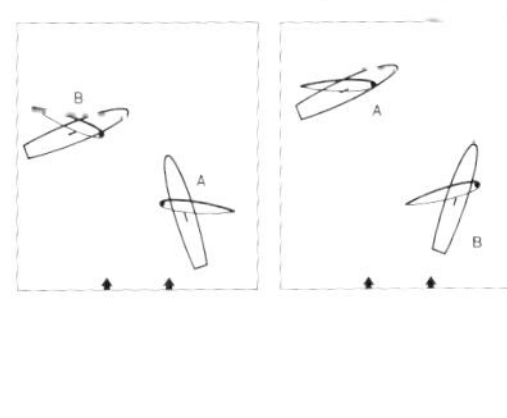

Fertigkeiten

Die Bewegungsbeschreibungen der Grundschulfertigkeiten sind durcheinandergeraten. Ordnen Sie die Zahlen in die richtige Reihenfolge:

36. Segelaufholen
    1 Startschot am untersten Knoten greifen
    2 Beine strecken und Rigg anheben – Pause –
    3 Rigg in Lee, Mast 90° zum Brett
    4 Segel ganz aus dem Wasser ziehen
    5 Füße links und rechts vom Mastfuß
    6 Arme strecken, angehockte Stellung, Oberkörper zurück, Rücken gerade, Kopf hoch
    7 Grundstellung, Segel flattert in 90° zum Brett, Gabelbaum über dem Wasser

37. Startposition (Masttechnik)
    1 Vorderen Fuß hinter den Mast
    2 hintere Hand loslassen
    3 geradestehen, Gabelbaumende zum Wasser neigen, 90° überprüfen
    4 hinteren Fuß auf/hinter den Schwertkasten stellen
    5 Grundstellung
    oder wahlweise
    Startposition (Startschottechnik)
    1 vordere Hand greift über kreuz an Gabelbaum
    2 Grundstellung
    3 hinteren Fuß auf/hinter den Schwertkasten stellen
    4 geradestehen, Gabelbaumende zum Wasser neigen, 90° überprüfen
    5 vorderen Fuß hinter den Mast stellen
    6 hintere Hand loslassen

38. Start (Masttechnik)
    1 mit angewinkelten Armen rückdrehen und dichtholen
    2 Fahrtrichtung kontrollieren
    3 Segelhand auflegen, Masthand auflegen
    4 Startposition einnehmen
    5 Blick nach vorn, ob der Weg frei ist
    6 Rigg nach Luv ziehen, Blick durchs Segelfenster
    oder wahlweise
    Start (Startschottechnik)
    1 Rigg nach Luv ziehen, Blick durchs Segelfenster
    2 Blick nach vorn, ob der Weg frei ist
    3 Fahrtrichtung kontrollieren
    4 Segelhand auflegen
    5 mit angewinkelten Armen rückdrehen und dichtholen

39. Wende (Masttechnik)
    1 Segelhand loslassen, am Mast umgreifen
    2 weiterdrehen bis zur Grundstellung
    3 vorderen Fuß vor den Mast stellen
    4 wenn Bug im Wind, vor den Mast gehen
    5 anluven
    6 Masthand greift Mast
    7 freien Raum überprüfen
    oder wahlweise
    Wende (Startschottechnik)
    1 anluven
    2 wenn Bug im Wind, Startschot greifen und Schritt vor den Mast
    3 freien Raum überprüfen
    4 weiterdrehen bis zur Grundstellung

40. Halse (Masttechnik)
    1 Startposition einnehmen
    2 freien Raum in Lee überprüfen
    3 Segelhand loslassen
    4 Masthand greift Mast
    5 Wenn Segel quer zum Brett, vorderen Fuß zum hinteren, anderen Fuß vor
    6 Segel über den Bug schwingen lassen
    7 abfallen
    oder wahlweise
    Halse (Startschottechnik)
    1 Schritt zurück zum Heck
    2 Segel über den Bug schwingen lassen
    3 freien Raum in Lee überprüfen
    4 abfallen
    5 Startschot greifen
    6 Startposition einnehmen

41. Kreuzen Sie an, welche Beschreibungen zur Wende passen:
    ☐ Richtungsänderung mit dem Bug durch den Wind
    ☐ Richtungsänderung mit dem Heck durch den Wind

☐ Segel wird über Bug geschwenkt
☐ Segel wird über Heck geschwenkt

42. Beschreiben Sie die richtige Fußstellung für Vorwind-Kurs:
43. Welches ist die richtige Fußstellung für Halbwindkurs?
    ☐ Füße stehen links und rechts vom Mast
    ☐ Füße stehen hinter dem Mast und zeigen ins Segel
    ☐ Füße stehen links und rechts vom Schwertkasten und zeigen zum Bug
44. Welches ist die richtige Fußstellung bei der Grundstellung?
    ☐ Füße stehen hinter dem Mast und zeigen ins Segel
    ☐ Füße stehen links und rechts vom Schwertkasten und zeigen zum Bug
    ☐ Füße stehen links und rechts vom Mast
45. Welche Beschreibungen passen zur Startposition?
    ☐ Füße rechts und links vom Mast, Hand an der Startschot
    ☐ beide Füße und das Gabelbaumende zeigen auf den Bug
    ☐ beide Füße stehen hinter dem Mast, Masthand am Mast oder Gabelbaum
    ☐ Brett steht im rechten Winkel zum Segel
46. Wodurch dreht man das Surfbrett mit dem Bug durch den Wind?
    ☐ durch Schwenken des Segels über das Heck
    ☐ durch Schwenken des Segels über den Bug
    ☐ durch Drehen mit den Füßen
47. Kreuzen Sie an, warum der vordere Fuß beim Start und in der Fahrstellung hinter dem Mast stehen sollte:
    ☐ damit man beim Sturz den Fuß nicht einklemmt
    ☐ weil Surfbretter vor dem Mast meist sehr glatt sind
    ☐ damit man beim Start den Mast besser nach Luv neigen kann
    ☐ damit der Bug nicht untertaucht
48. Wodurch dreht man das Surfbrett mit dem Heck durch den Wind?
    ☐ durch Schwenken des Segels über den Bug
    ☐ durch Schwenken des Segels über das Heck
    ☐ durch Drehen mit den Füßen
49. Kreuzen Sie an, was man als Grundstellung bezeichnet:
    ☐ beide Füße hinter dem Mast, Rigg wird am Mast oder an der Startschot gehalten
    ☐ Angehockte Stellung, Startschot griffbereit zum Segelaufholen
    ☐ Füße links und rechts vom Mast, Rigg wird rechtwinklig zum Brett gehalten
50. Kreuzen Sie an, welche Beschreibungen zur Halse passen:
    ☐ Richtungsänderung mit dem Bug durch den Wind
    ☐ Richtungsänderung mit dem Heck durch den Wind
    ☐ Segel wird über Bug geschwenkt
    ☐ Segel wird über Heck geschwenkt
51. Durch welche Technik kann man sein Brett aus der Grundstellung drehen?
    ☐ durch Gewichtsverlagerung
    ☐ durch Drehen mit den Füßen
    ☐ durch Anlehnen des Segels an den Wind
52. Was bezeichnet man a) als »abfallen«, und b) wie wird dieses Manöver gefahren?
53. Wie nennt man die Richtungsänderung von Halbwind- auf Am-Wind-Kurs?
54. Wie nennt man die Richtungsänderung von Halbwind- auf Vorwindkurs?
55. Sie Fahren auf Halbwind-Kurs und wollen »abfallen«.
    Was ist richtig?
    ☐ Mast nach vorn
    ☐ vorderen Arm strecken
    ☐ hinteren Arm strecken
    ☐ Rigg in der Segelebene nach Luv
    ☐ hinteren Arm beugen
    ☐ vorderen Fuß vor den Mast

56. Was bezeichnet man als »Kreuzen«?
    - ☐ den Weg eines anderen Surfers kreuzen
    - ☐ durch mehrere Wenden gegen den Wind anfahren
    - ☐ auf Vorwindkurs das Segel rechtwinklig zum Brett halten
57. Kreuzen Sie an, warum bei Richtungsänderungen die Segelstellung zum Wind unverändert bleiben muß!
    - ☐ damit man entspannt auf dem Surfbrett stehen kann
    - ☐ damit das Segel immer optimal angeströmt wird
    - ☐ damit die Sicht nach vorn frei bleibt
    - ☐ damit das Segel nicht killt
58. Woran erkennt man, daß das Segel nicht dicht genug geholt ist?
    - ☐ Man kann das Segel nicht mehr halten
    - ☐ das Brett luvt an
    - ☐ das Brett fährt rückwärts
    - ☐ das Segel killt am Vorliek
    - ☐ das Brett fällt ab
59. Kreuzen Sie an, wie man die optimale Segelstellung herausfinden kann:
    - ☐ Segel so dicht wie möglich holen
    - ☐ Segel auffieren, bis das Vorliek killt, dann wieder etwa eine Hand breit dichtholen
    - ☐ darauf achten, daß am Achterliek keine Falten entstehen
60. Bei genügend Wind bleibt Ihr Surfbrett plötzlich stehen und beginnt, rückwärts zu fahren. Welchen Fehler haben Sie gemacht?
    - ☐ das Segel ist zu weit aufgefiert
    - ☐ das Segel ist (über Brettmitte hinaus) zu dicht geholt
    - ☐ Fußstellung zu weit hinten
    - ☐ Fußstellung zu weit vorn
61. Welches Brett segelt mit falscher Segelstellung?

a)
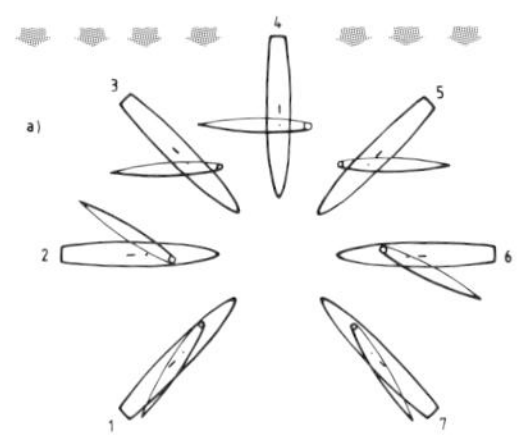

b)
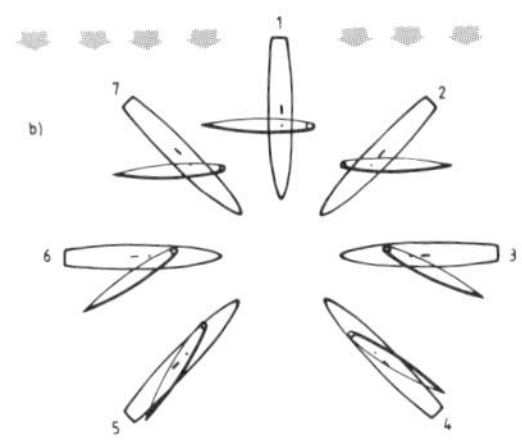

c)
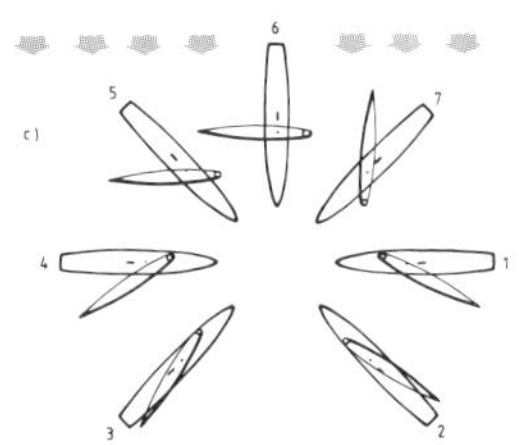

d)
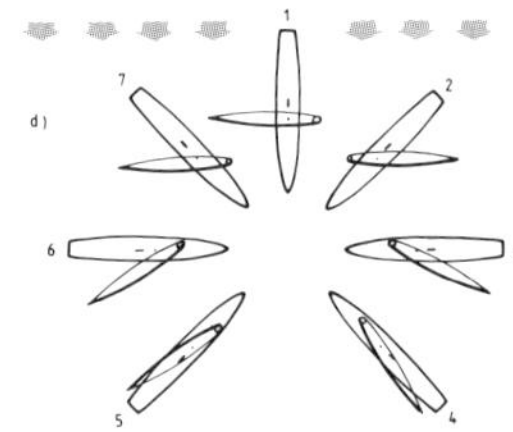

e)
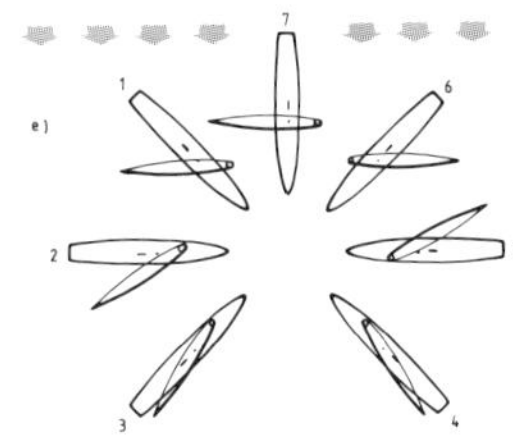

f)
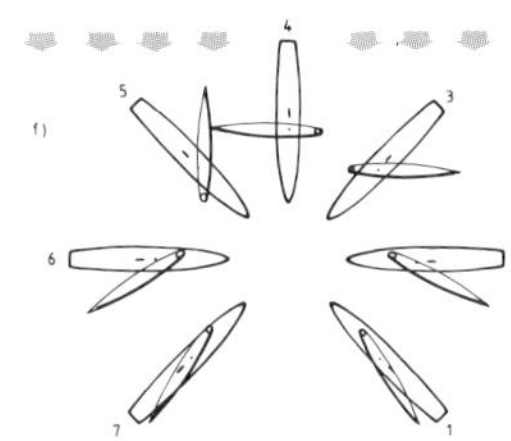

62. Benennen Sie die Kurse von Brett 1–7 (s. Frage 61 a):

63. Auf welchem Bug fahren die Bretter 1–7 (s. Frage 61 a)?

64. Durch welches Manöver gelangen Sie auf kürzestem Wege zum Punkt A?

1.

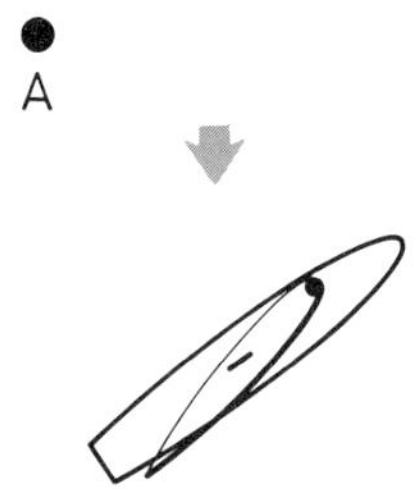

2.

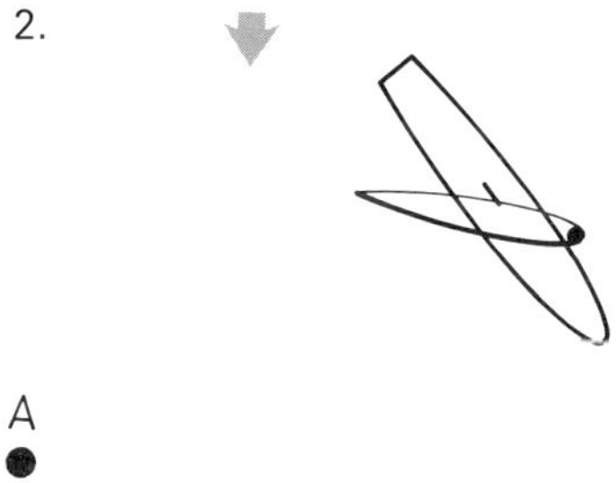

3.

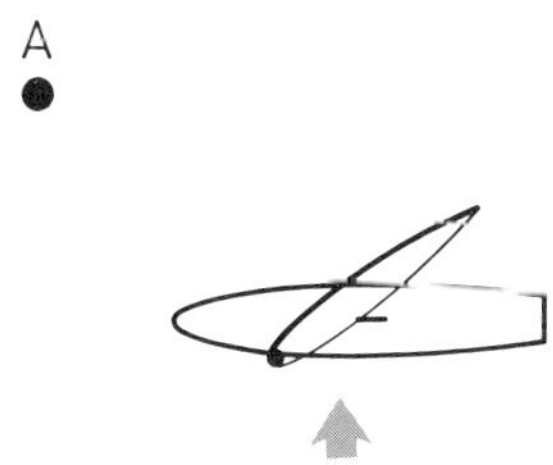

65. a) Kreuzen Sie für die abgebildete Stellung von Rigg und Brett die richtige Fahrtrichtung an:

1.
☐ luvt an
☐ fällt ab
☐ geradeaus

2.
☐ luvt an
☐ fällt ab
☐ geradeaus

3.
☐ luvt an
☐ fällt ab
☐ geradeaus

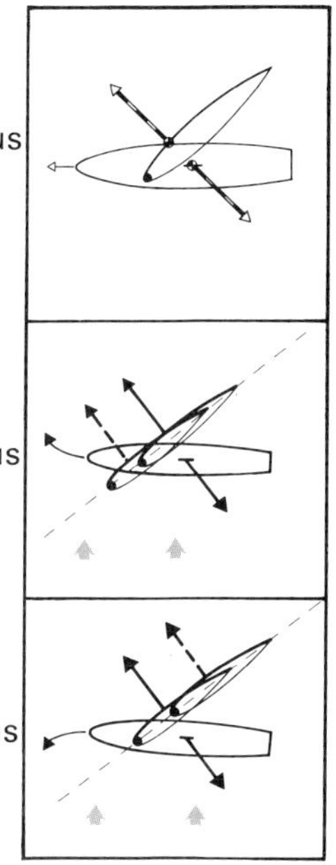

b) Begründen Sie Ihre Entscheidung:

66. Kreuzen Sie an, was für die Segelstellung beim Abfallen stimmt:
☐ das Segel wird aufgefiert
☐ das Segel wird dichtgeholt
☐ die Segelstellung zum Wind bleibt unverändert
☐ der Winkel zwischen Segel und Brett wird größer

67. Bei welchen Manövern gewinnt man Höhe, um gegen den Wind anzufahren?

68. Durch welches Manöver verlieren Sie Höhe zum Wind?

69. Wozu dient die Finne beim Surfbrett?

70. Wozu dient das Schwert beim Surfbrett?

71. Wie trimmen Sie Ihr Segel für Starkwind?

72. Mit welchen 3 Winden haben sie es theoretisch beim Surfen zu tun?

73. Ordnen Sie die verschiedenen Winde den Pfeilen zu:

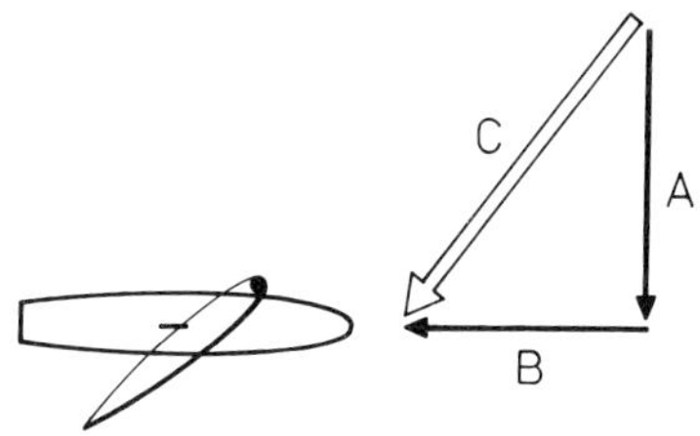

74. Welche Einrichtungen haben Sie an Ihrem Brett, um das Segel zu trimmen?

Prüfungsfragen zum Grundschein des VDWS Antwortteil

1. Teile, (vgl. S. 48).
2. Traglast des Trägers mind. 50 kg, Tragfähigkeit des Autodaches; Bug nach vorn, Standfläche nach unten; Mast und Bug vorn nicht über Stoßstange hinausragen lassen; Überstand hinten durch rote Fahne bzw. rotes Licht kennzeichnen, wenn über 1 m hinausragt; Spanngurte verwenden, besonders bei Regen nachspannen.
3. a) etwa Mitte Gabelbaum und oberhalb vom Gabelbaum am Mast
   b) zum Wind
4. Beschädigung der empfindlichen Gleitfläche möglich, Finne kann beschädigt werden
5. Rigg bietet dem Wind keine Angriffsfläche und ist somit keine Gefahrenquelle für andere Strandbenutzer; Segel zieht sich beim Trocknen zusammen: es »leiert« aus
6. mindestens eine dieser Antworten: sofort an Land fahren, mit Tape notdürftig flicken und an Land fahren, Brett nicht mehr benutzen, bevor es nicht repariert ist
7. a) Hinfahren und fragen, ob Hilfe gewünscht wird
   b) helfen, z.B. reparieren, abschleppen oder Hilfe holen andere Surfer aufmerksam machen, wenn ich selbst nicht helfen kann
8. zuerst ein kleineres Segel aufziehen und evtl. später ein größeres nehmen, bei ablandigem Wind in Ufernähe bleiben, rechtzeitig vor der totalen Erschöpfung das internationale Notsignal geben
9. Die Arme werden seitlich in Schulterhöhe gestreckt und (über dem Kopf kreuzend) angehoben und gesenkt.
10. Surfschuhe schützen vor Verletzungen und halten die Füße warm. Besonders wichtig bei steinigem Untergrund und Wassertemperaturen unter 20 °C.
11. a) Brett-Rigg-Verbindung (Fangleine angebracht)
    b) Trennen sich bei einem Sturz Rigg und Brett, so kann das Brett schneller abgetrieben werden, als man ihm schwimmend folgen kann.
12. Neoprenanzug und Surfschuhe
13. Fahrkönnen,
    Windstärke,
    Kondition, vor allem Kraft,
    ablandiger oder auflandiger Wind,
    bekanntes oder unbekanntes Revier
14. ein Regattasegel hat mind. 6 m^2,
    bei wenig Wind kann ich alle Segel ausprobieren,
    die Wahl des Segels ist vom Fahrkönnen abhängig,
    die Wahl des Segels ist von der Windstärke abhängig
15. Mastfuß herausziehen,
    Trimmschot lösen,
    Segel vom Unterliek zum Mast zusammenrollen,
    Gabelbaum nach oben klappen,
    vertäuen,
    mit Mastfuß nach vorn aufs Brett legen.
16. a), b) oder c).
    Begündung: *in Luv*
    Rigg kann bei Sturz nicht verletzen (Luvsturz: Rigg fällt nach Lee)
    Leeposition
    möglich, wenn beim Wenden nicht umgehängt wird
    im Schlepp
    beste Möglichkeit. Keine Verletzungsgefahr
17. a) der Wind kommt vom Wasser und bläst Richtung Land
    b) der Wind kommt vom Land und bläst Richtung Wasser
18. a) glattes Wasser, stellenweise gekräuseltes Wasser
    b) Welle, Brandung, Schaumkronen sichtbar bei entsprechender Windstärke
19. man wird leicht vom Land abgetrieben,
    man spürt den Wind beim Wegfahren nicht in der vollen Stär-

ke (Vorwindkurs) und unterschätzt die Wellen draußen,
man vergißt, daß der Weg zurück gegen den Wind anstrengender und länger ist

20. Ziel,
Abfahrtszeit,
ungefähre Rückkunft.
21. a) Ersatztampen
b) Abschleppen
Mastfuß hält nicht im Mast, da Mast unten gespalten,
andere Schoten defekt oder verloren
22. 2, 3, 4
23. Badezonen, Schiffsanleger, Schleusen, Hafeneinfahrten, Vogelschutzgebiete, militärische Sperrgebiete, Schiffahrtsstraßen
24. 2, 3, 5
25. Strömungen, allg. Wetterbesonderheiten, Untiefen, Riffs, Sperrgebiete, Gezeiten
26. Hafenmeisterei, Wetterkarte, Rundfunk, Fernsehen, Einheimische fragen, Wetterbeobachtung
27. 2, 4
28. Segel fallen lassen und am Mast ins Wasser drücken,
Segel back halten, Stop-Halse
29. 1, 3
30. a) backbordbug vor steuerbordbug (B)
b) Lee vor Luv (A)
c) Überholende hält Abstand (B)
31. 1, 6
32. Schwimmer, Surfbrett, Motorboot
33. Linienschiff, Surfbrett, Motorboot
34. Je nach dem: 1., 2. oder 3. Regel
35. a) backbordbug vor steuerbordbug
b) Lee vor Luv
36. 3, 5, 1, 6, 2, 4, 7
37. 5, 2, 4, 1, 3 / 2, 3, 5, 1, 6, 4
38. 4, 5, 6, 3, 1, 2 / 2, 1, 4, 5, 3
39. 7, 6, 3, (oder 3, 6), 5, 4, 1, 2 / 3, 1, 2, 4
40. 2, 7, 5, 4, 3, 6, 1 / 3, 4, 1, 5, 2, 6
41. 1, 4
42. Füße stehen links und rechts vom Schwertkasten und zeigen zum Bug. Sie können auch noch weiter hinter dem Schwertkasten stehen.
43. 2
44. 3
45. 3, 4
46. 1
47. 1, 3, (4)
48. 1
49. 3
50. 2, 3
51. 3, (1)
52. a) ohne Wechsel der Segelseite dreht der Bug weg vom Wind
b) durch Neigen des Riggs in der Segelebene nach Luv
53. Anluven
54. Abfallen
55. 2, 4, 5
56. 2
57. 2, 4
58. (2), 4
59. 2
60. 2
61. a) 2
b) 4
c) 2/7
d) 5
e) 5
f) 5
62. 1 + 7 Am-Wind-Kurs
2 + 6 Halbwind-Kurs
3 + 5 Raumwind-Kurs
4 Vorwind-Kurs
63. 1–4 stbb/5–7 bb
64. 1 Wende 2 Halse 3 Abfallen
65. a) 1. c)
2. b)
3. a)
b) 1. Kräfte auf einer Wirkungslinie
2. Segeldruckpunkt in Luv und vor Lateraldruckpunkt
3. Segeldruckpunkt in Lee und hinter Lateraldruckpunkt
66. 3, 4
67. Wenden
68. Halsen
69. Richtungsstabilität
70. Kursstabilität, Verminderung der Abdrift
71. flach
72. atmosphärischer, Fahrt- und relativer Wind
73. W_R (C), W_F (B), W_A (A)
74. Vorliekstrecker, Trimmschot

Schlagwortartige Bewegungsanweisungen für die Grundschulfertigkeiten mit Startschottechnik

Segelaufholen und Grundstellung

Segelaufholen

Einnehmen der Ausgangsposition

Rigg in Lee, Mast 90° zum Brett
Füße links und rechts vom Mastfuß
Startschot greifen
Arme strecken, angehockte Stellung, Oberkörper zurück, Rücken gerade, Kopf hoch

Aufholen des Segels

Beine strecken: Rigg anheben – Pause –
Segel ganz aus dem Wasser ziehen
Startschot dicht unterm Gabelbaum greifen

Grundstellung

eine oder beide Hände an der Startschot dicht unterm Gabelbaum
Füße links und rechts vom Mastfuß
Knie leicht gebeugt, Kopf hoch
Gabelbaumende dicht über dem Wasser
Rigg 90° zum Brett

Halbe Drehung (180°-Drehung)

Grundstellung
Rigg zum Heck schwenken
Brett unter den Füßen drehen lassen
Gabelbaumende dicht über dem Wasser
Weiterdrehen bis zur neuen Grundstellung

Startposition

Grundstellung
hinteren Fuß aufs/hinters Schwert
vorderen Fuß hinter den Mast
vordere Hand greift über kreuz an Gabelbaum
andere Hand loslassen
geradestehen, Gabelbaumende zum Wasser
90° überprüfen

Start

Blick nach vorn aufs Fahrtziel
Rigg nach Luv, Blick durchs Segelfenster
Segelhand auflegen
mit angewinkelten Armen rückdrehen: dichtholen
Fahrtrichtung kontrollieren

Fahrstellung

Füße hinter dem Mast, schräg nach vorn gedreht
Hände greifen schulterbreit, leichte Rücklage
Arme angewinkelt, Schulter parallel zum Gabelbaum
Gabelbaum parallel zum Wasser

Steuern

Abfallen

Fahrstellung
Rigg in der Segelebene nach Luv
Bug dreht weg vom Wind
Drehbewegung stoppen
Segelstellung überprüfen

anluven

Fahrstellung
Rigg in der Segelebene nach Lee
Bug dreht weg vom Wind
Drehbewegung stoppen
Segelstellung überprüfen

Wende

freien Raum überprüfen
vorderen Fuß vor den Mast
anluven
wenn Bug im Wind, Startschot greifen und vor den Mast gehen
Segelhand loslassen
weiterdrehen bis Grundstellung

Halse

freien Raum in Lee überprüfen
abfallen
wenn Segel quer zum Brett steht, vorderen Fuß zum hinteren
anderen Fuß vor
Startschot greifen
Segelhand loslassen
Segel über den Bug schwingen lassen
Startposition einnehmen

Die wichtigsten Fachbegriffe

→ *bedeutet: siehe auch*

A

abfallen: Richtungsänderung vom atmosphärischen Wind weg
Abdrift: seitliches Abtreiben, verursacht durch Wind, → Stromversetzung
ablandig: Windrichtung vom Land seewärts
abriggen: zerlegen des Riggs in seine Einzelteile
achterlich: von hinten
Achterliek: hintere Saumkante des Segels, → Liek
Achterliekstrecker: → Trimmschot
Allroundsegel: Segel mit konkav ausgeschnittenem Achterliek, ca. 4–5 m^2
anluven: Richtungsänderung an den Wind
Anstellwinkel: Winkel zwischen → Segelebene und → relativem Wind
atmosphärischer Wind: → wahrer Wind
auffieren: → fieren
auffrischen: Stärkerwerden des Windes
auflandig: Windrichtung vom Wasser landwärts
aufriggen: Rigg einsatzbereit zusammensetzen
auswehen: Segel im Wind flattern lassen

B

back: zurück, rückwärts
backbord: links (in Fahrtrichtung)
backbordbug: Fahrt mit Segel auf → backbord
backhalten: das Segel so halten, daß der Wind von der falschen Seite hineinbläst, → Notstop
Bändsel: dünne, kurze → Leine
Bauch: Wölbung des Segels
Beaufort: Windstärkenmaß, benannt nach Sir Francis Beaufort (Bft.)
belegen: eine → Schot festmachen
bergen: in Sicherheit bringen
Böe: plötzlicher Windstoß

D

dichtholen: Oberkörperdrehung bzw. das Segel mit der Segelhand zum Körper ziehen, → Ausstellwinkel vergrößern
Drift: → Abdrift
durchsetzen: eine Leine kräftig anziehen und → belegen

E

Ebbe: Absinken des Meeresspiegels, → Tide, → Niedrigwasser

F

Fahrtwind: Wind, der durch Vorwärtsbewegung entsteht, → wahrer Wind, → relativer Wind
Fahrwasser: gekennzeichnete Schiffahrtswege
fieren, auffieren: Oberkörperdrehung nach vorn bzw. Nachgeben der → Segelhand
Flut: Ansteigen des Meeresspiegels, → Tide, → Hochwasser

G

Gabelbaum: ovale Griffleiste, in der das Segel gespannt wird
Gewichtstrimm: Gewichtsverlagerung auf dem Brett
Gleitzustand: Brett gleitet durch hohe Geschwindigkeit auf dem Wasser

H

halbwind: Wind weht bei stehendem Surfbrett rechtwinklig zur Brettlängsachse
Hals: vordere untere Ecke eines Segels
Halse: Manöver, bei dem das Heck durch den Wind dreht, → Wende
Hand über Hand: zügiges Holen einer → Schot, indem man abwechselnd mit einer Hand über die andere greift
hart am Wind, hoch am Wind: Kurs soweit wie möglich gegen den Wind
Hochwasser: höchster Wasserstand am Ende der → Flut
holen: ziehen, → dichtholen

I

im Wind: Bug zeigt genau zum Wind

IYRU: »International Yacht Racing Union«, Internationaler Wettsegelverband

K

Kentersturz: Sturz durch plötzliche Drehung des Bretts um seine Längsachse

killen: Flattern des Segels

Klappschwert: Schwert, dessen Winkelstellung ins Wasser (Tiefgang) veränderbar ist, → Steckschwert

krängen: seitliche Neigung des Bretts um die Längsachse

kreuzen: auf Zickzack-Kurs (Wenden) gegen den Wind fahren, um Höhe zu gewinnen

Kursstabilität: Eigenschaft des Brettes, einen eingeschlagenen Kurs zu halten, → Richtungsstabilität

L

Lateralkraft: Kraft, die der Querkraft durch den → Lateralplan entgegenwirkt und die → Abdrift durch Wind vermindert

Lateralplan: Projektionsfläche des Unterwasserschiffs von der Seite gesehen

Lee: die vom Wind abgekehrte Seite, → Luv

leegierig: Eigenschaft des Bretts, abzufallen, → abfallen, → luvgierig

Liek: verstärkte Kante eines Segels

Luv: die dem Wind zugekehrte Seite, → Lee

luvgierig: Eigenschaft des Bretts, anzuluven, → anluven, → leegierig

M

Masthand: die Hand, die den Gabelbaum in Mastnähe greift, → Segelhand

Mastspur: Beschlag oder Aussparung im Brett zum Einsetzen des Mastfußes

Maui-Segel: Segel, bei dem das Achterliek im oberen Teil durch ein oder zwei Segellatten ausgestellt ist

Mediumsegel: Segel mit geradem Achterliek, keine Segellatten 4,8 bis 5,6 m^2

N

Niedrigwasser: tiefster Wasserstand am Ende der → Ebbe

R

»Raum!«: Warnruf, um einen nicht vorfahrtsberechtigten Wassersportler auf das eigene Wegerecht aufmerksam zu machen

raum: schräg von hinten

raumen: Windrichtungsänderung nach achtern, → schralen

Regattasegel: gebräuchlichste Segelart, gängige Besegelung eines komplett mit Rigg gelieferten Surfbretts, konvexes Achterliek, drei Segellatten, ca. 5,4–6,5 m^2

relativer Wind: die Windrichtung, die die Resultierende im Geschwindigkeitsparallelogramm zwischen → atmosphärischem Wind und → Fahrtwind darstellt

Richtungsstabilität: Eigenschaft des Surfbretts, geradeaus zu fahren

Rigg: Mast, Gabelbaum, Segel und alle dazugehörigen Einzelteile

S

schiften: Wechsel der Segelseite vor dem Wind ohne Änderung der Fahrtrichtung

Schlag: die beim → Kreuzen zwischen zwei → Wenden zurückgelegte Strecke

Schot: Leine

Schothorn: die hintere Ecke eines Segels

schralen: ungünstige Winddrehung, Wind wird → vorlicher und zwingt evtl. zum → Abfallen, → raumen

Segelebene: die gedachte Fläche zwischen Mast und Gabelbaumende

Segelhand: die hintere Hand am Gabelbaum, → Masthand

Segelschnitt: die vom Segelmacher eingearbeitete Profilwölbung (bauchig oder flach)

Segelsehne: die gedachte Linie, die den Mast in Gabelbaumhöhe mit dem → Schothorn verbindet
Segeltrimm: Spannen von → Vorliekstrecker und → Trimmschot, um dem Segel das optimale Profil zu geben
Steckschwert: einfaches Schwert, dessen Winkelstellung im Schwertkasten nicht veränderbar ist, → Klappschwert
Stek: seemännischer Knoten
steuerbord: rechts (in Fahrtrichtung)
Steuerbordbug: Fahrt mit Segel auf → steuerbord
Stophalse: schnelles Abstoppen durch eine Halse, bei der das Segel gegen die Fahrtrichtung über den Bug gedrückt wird
Stromversetzung: Beeinflussung der Fahrtrichtung durch Strömung im Gewässer, → Abdrift
Sturmschwert: verkürztes Schwert mit nach hinten verlagerter Fläche, mindert bei stärkerem Wind die Gefahr eines → Kentersturzes
Sturmsegel: kleines Segel mit verkürztem Vorliek, ca. 3–4 m^2

T

Tampen: → Schot, kurze Leine
Tide: eine Gezeit, bestehend aus → Ebbe und → Flut, insgesamt 12 Stunden, 25 Minuten
Tidenstrom: die durch → Ebbe und → Flut entstehende Strömung
Top: Mast- oder Segelspitze
Trapez: am Gabelbaum einhängbarer Haltegurt zur Entlastung von → Mast- und → Segelhand
trimmen: → Gewichtstrimm, → Segeltrimm
Trimmschot/Achterliekstrecker: Tampen durch das → Schothorn, um das Segel zu spannen

U

überziehen: Segel über die Mittschiffslinie des Bretts nach Luv ziehen
Unterliek: Unterkante des Segels → Liek
unterschneiden: ungewolltes Untertauchen des Bugs oder der Seiten.
Untiefe: flache Stelle im Wasser

V

Verklicker: Windrichtungsanzeiger am → Top, zeigt bei Fahrt die Richtung des → relativen Windes an
vertäuen: ein Brett mit Leinen festmachen
verzurren: befestigen oder sichern mit Leine oder Gurt
vorlich: von vorn
Vorliek: Vorderkante des Segels, → Liek
Vorliekstrecker: Trimmeinrichtung am Segelhals

W

wahrer Wind, atmosphärischer Wind: der tatsächlich wehende Wind, → Fahrtwind, → relativer Wind
Wende: Manöver, bei dem der Bug durch den Wind gedreht wird, → Halse

Sachregister